智慧图书馆的建设

龚　健◎著

安徽师范大学出版社

ANHUI NORMAL UNIVERSITY PRESS

·芜湖·

图书在版编目(CIP)数据

智慧图书馆的建设 / 龚健著. -- 芜湖：安徽师范
大学出版社, 2025. 3. -- ISBN 978-7-5676-7162-1

Ⅰ. G250.76

中国国家版本馆CIP数据核字第20256M3S76号

智慧图书馆的建设

龚 健◎著

责任编辑：童 睿	责任校对：王博睿
装帧设计：张 玲 王晴晴 冯君君	责任印制：桑国磊

出版发行：安徽师范大学出版社

芜湖市北京中路2号安徽师范大学赭山校区

网 址：https://press.ahnu.edu.cn

发 行 部：0553-3883578 5910327 5910310(传真)

印 刷：江苏凤凰数码印务有限公司

版 次：2025年3月第1版

印 次：2025年3月第1次印刷

规 格：700 mm×1000 mm 1/16

印 张：13.75

字 数：203千字

书 号：978-7-5676-7162-1

定 价：58.00元

凡发现图书有质量问题,请与我社联系(联系电话:0553-5910315)

前　言

　　图书馆作为获取知识的神圣殿堂，是人类文明的重要载体之一。它对于人类社会的发展和社会文明的进步起到了至关重要的作用。我国图书馆的发展历史久远，自文字产生以后，文献与图书资料逐渐增多，便出现了如何收集、保存和使用这些文献与图书资料的问题，图书馆应运而生。进入人类文明社会以来，我国的"图书馆"经过了十分漫长的演进，从"古代藏书楼"到近代图书馆的建立和当代图书馆的全面发展，至今已经有数千年的历史。

　　工业技术和网络信息技术的不断发展促使图书馆事业走上了发展的快车道，从传统图书馆、网络图书馆、数字图书馆、复合图书馆发展到了智慧图书馆的建设阶段。智慧图书馆的理论起源于国外。2003

年，芬兰奥卢大学图书馆的 Aittola 首次提出了"智慧图书馆"这一概念。2008 年，IBM 公司提出了"智慧地球"概念，随后"智慧城市""智慧社区""智慧校园"等新概念应运而生并在理论研究中日益活跃。2010 年，国内学者严栋提出了具有实质意义的"智慧图书馆"概念。此后，"智慧图书馆"开始引起图书馆界的重视，关于"智慧图书馆"的理论研究和实践探索逐步展开。

图书馆是一个生长着的有机体，在图书馆发展过程中其追求的价值既是以满足用户的知识需求，提供个性化、泛在化的知识信息服务，自然也会随着科学技术的更新而实现迭代转变，实现为用户提供更加高效、便捷的知识服务。智慧图书馆与以往的传统图书馆、网络图书馆、智能图书馆、数字图书馆和复合图书馆存在本质上的差异，原因在于智慧图书馆是以服务特征命名的图书馆，而传统图书馆、数字图书馆和复合图书馆都是以资源特征来命名的图书馆。另外，以往的图书馆都是以强调收藏和围绕收藏来开展管理与服务工作的，而智慧图书馆则是突出了"人"的中心性，强调以"人"为中心开展管理与服务工作的。智慧图书馆必然要对图书馆的服务进行重塑和再造，智慧图书馆建设的关键在于能否以用户为导向，以智慧的方式设计图书馆的服务、业务和功能。

基于以用户为导向的核心理念，智慧图书馆发展的新形态特征，必然是从简单到复杂，符合图书馆发展的生命周期。经过十几年的理论研究和实践发展，智慧图书馆的轮廓初显。理论方面逐渐趋向智慧场馆、智慧平台、智慧资源、智慧管理、智慧服务、智慧馆员和智慧读者的建设或培养。实践方面也初见成效，如 RFID 技术在图书精准定位与无人借还系统中的应用。但是，智慧图书馆建设仍处于初级智能阶段，关于智慧图书馆的形态目前仍比较模糊，受技术变化影响较显著。智慧图书馆的建设是一个长期的探索过程，其实践探索应当基于图书馆事业发展规律，科学运用新技术与新理论、大胆开拓与创新、合作共建、积累经验。国内智慧图书馆十年来的研究与实践，是新技术不断促进图书馆变革的历程。徐宗本指出："人类社会、物理世界、信息空间构成了当今世界的三元。这三元世界之间的关联与交互，决定了社会信息化的特征和程度。"网络化、数字化和智能化是信息化时代社会实践的三种基本形式，智慧图书馆也是建立在数字化、网络化、智能化等管理理念基础上的综合性管理与服务体系。

　　本书分析了智慧图书馆发展的人文背景、社会背景、行业背景以及技术背景，阐释了智慧图书馆的产生发展的内因和外因，指出智慧图书馆是图书馆自身发展要求和社会需求共同作用的产物。社会需求是智慧图书馆产生发展的外在动因，图书馆创新发展、技术变革与人文精神体现等自身发展需求是智慧图书馆产生发展的内在动因。国内关于智慧图书馆的研究，其理论研究方面的进展超过实践方面。本书采用以智慧图书馆建设内容分析为主、实践举例为辅的方法，提出智慧图书馆的建设要围绕"融合、感知、智慧"三个方面，满足广泛互联、全面感知、深度融合、开放泛在、绿色发展和智慧便捷的建设要求。同时，本书从信息技术的视角梳理了智慧图书馆的建设内容、实现途径和发展趋势，指出智慧图书馆的建设要从宏观和微观两个层面进行。宏观层面主要围绕图书馆的顶底层设计、建设模式和体系架构，微观层面包括核心要素、技术应用、服务模式和管理模式等方面。以期为智慧图书馆的研究与实践提供新的思路，为今后智慧图书馆的建设和发展提供一些有用的借鉴和参考。

　　本书的出版，得到了教育部2022年高校思政工作精品项目"品牌+团队+机制文化育人体系的探索与构建"课题和安徽省2024年高校"三全育人"综合改革和思想政治能力提升计划高校红色资源基地项目"安徽农业大学图书馆、展览馆红色资源基地"课题的资助，在此衷心地感谢吴文革研究馆员和姜红教授的关心、支持与帮助。

　　本书在撰写的过程中，参考、借鉴了众多专家学者的研究成果与文献资料，书中未能一一列出，在此一并表示感谢。由于笔者水平有限，加之行文仓促，书中所涉及的内容难免存在疏漏和不足之处，望各位专家学者和读者批评指正，以便笔者进一步修改，使之更加完善。

目　录

目录

第一章　图书馆的发展

　　图书馆作为获取知识的神圣殿堂，是人类文明的重要载体之一。它为人类社会的发展、社会文明的进步做出了巨大的贡献。我国图书馆的发展经历了从古代藏书楼到近代图书馆，再到现代图书馆的演变，至今已有3000年的历史。古代藏书楼是宫廷和神学的附属品，为统治阶级的利益服务，阶级性十分明显。随着封建文化日趋没落，学习西方科学文化的思潮日渐兴起，古代藏书楼逐渐走向解体，出现了以提高劳动者的科学文化知识为主要目的，面向社会开放的近代图书馆。新中国成立后，中国图书馆事业的发展进入了一个新的阶段。特别是改革开放后的20年，是我国图书馆事业快速发展并逐渐向现代化转型的新时期。图书馆作为文献信息服务的机构，是社会政治、经济、文化、教育、科技等方面综合发展的产物。因此，图书馆的发展变化离不开社会的进步。图书馆质的变化，表现在社会功能的调整与变化上，图书馆的社会功能是社会赋予图书馆的职责。

第一节　我国图书馆的历史演变

我国图书馆的发展历史久远，它的产生和出现是以文字的产生为前提的。几千年前，中华民族的祖先就创造了世界上最古老的文字，为人类文化的积累、交流、传承和发展创造了条件。图书馆源于人类保存记事的习惯，自文字产生以后，文献与图书资料逐渐增多，便出现了如何收集、保存和使用这些文献与图书资料的问题，图书馆应运而生。进入人类文明社会以来，我国的"图书馆"经历过漫长的发展演变，由"古代藏书楼"到近代图书馆，再到当代图书馆的全面发展，至今已经有数千年的历史。

一、我国古代图书馆的发展

关于图书的起源，《周易·系辞上》说，"河出图，洛出书"。在古代，我国"图书馆"称谓较多，如府、宫、阁、观、台、殿、院、堂、斋和楼等。其所藏图书，多数为往昔珍本，对于传承中华民族悠久的历史和文化，发挥着极为重要的作用。虽然当时在管理上主要是静态收藏，缺乏实际流通利用，但它们却是图书馆事业不断发展的历史基础和实际支柱。

我国图书馆起源于西周，周朝设有专门收藏典籍的机构"盟府"，被视为我国图书馆的雏形。"盟府"作为专门的藏书机构，主要保存盟约、图籍、档案等与皇室有关的资料。《史记》记载，老子"姓李氏，名耳，字聃，周守藏室之史也"。《汉书·艺文志》说："老子做柱下史，博览古今典籍"，可见老子可能是中国历史上第一位图书馆馆长。秦始皇时期，在阿房宫也设有"柱下史"负责管理图书。到了两汉时期的石渠阁、东观和兰台的出现，皇家的藏书机构已经有很大的规模，并有了藏书的整理和书目的编制。隋朝的观文殿、宋朝的崇文院、明代的澹生堂、清朝的四库七阁等是我国古代图书馆极具代表性的存在。从宋到清是我国古代图书馆的繁荣发展时期。

我国古代图书馆大致可分为官府藏书、书院藏书、私人藏书和寺观藏书四种类型，其中以官府藏书、私人藏书为主导。它的主要特点是以藏为主、封闭式管理，图书馆文献仅为少数人利用，所以人们普遍称这个时期的图书馆为藏书楼。

二、我国近代图书馆的发展

"图书馆"是一个外来语，于19世纪末从日本传到我国。我国近代图书馆的概念与馆舍建设是由西方文化传入中国之后慢慢发展而来的。在实现由古代藏书楼向近代图书馆转变的进程中，有两个因素至关重要：西方传教士所办图书馆的示范作用和维新变法运动的推动作用。封建藏书楼不断解体，为大众服务的公共图书馆逐渐出现。

鸦片战争以后，西方传教士们伴随着侵略者的步伐在中国的一些教堂和教会学校创办了一些新式图书馆，对中国近代图书馆的发展起到了启蒙和示范作用。同时，他们还带来了西方近代图书馆建设的思想和模式。西方较为先进的图书馆理论、技术和方法，在一定程度上促进了中国图书馆界传统思想及服务观念的变革。

甲午战争的失败客观上促进了近代中国的文化觉醒。清朝末年，由资产阶级维新派发起的戊戌变法运动虽然以失败告终，但其提出了提高国民的文化素质，从根本上振兴民族的主张。维新改良主义思想家基于对西方近代图书馆的认识，提出"强国必先治学，治学必创书楼"。这对我国图书馆事业的近代化提供了思想动力，也为建立中国近代图书馆打下了基础。众所周知，我国古代的官私藏书，或是只供达官显贵阅读，或只供藏书者本人阅读，藏而不借。显然，这与维新派的启迪民智、广育人才的需要是背道而驰的。维新派一开始就意识到了人才的重要性，因而他们大力鼓吹兴办文化教育事业，建立各种强学会，也呼吁打破传统的藏书方式，提倡建立开放的藏书楼。

官办图书馆的大量涌现是清末近代图书馆运动的重要组成部分，它是维新运动的直接产物。古代藏书楼逐步演进为近代图书馆，图书馆的藏书内容和管理方式发生了很大的改变。1894年，"图书馆"一词首次在我国《教育世界》第62期《拟设简便图书馆说》文献中出现。1898年，我国第一所近代高等学校——京师大学堂成立。1902年，京师大学堂藏书楼正式成立，这是我国官办的第一所近代性质的大学图书馆。1904年，中国创办了最早的省级图书馆——"湖北省图书馆"。近代图书馆在管理思想上与古代社会藏书楼最根本的差别在于，近代图书馆重视新科学技术书籍的收藏，采用科学的分类与编目方法，制定了新的工作制度和管理条例，尽可能地方便读者利用馆藏图书，拉近了读者与图书之间的距离。

开放服务是近代图书馆的一大特点。近代图书馆一改古代藏书楼束之高阁、神秘自珍的封闭状态，以开放服务热情欢迎读者阅读新书、新报。新文化运动是近代图书馆兴起的动力，辛亥革命的胜利对我国图书馆事业的发展起到了极大的推动作用。五四运动时期，宣传马克思列宁主义思想的书籍被迅速传播，宣传新思想、新文化的图书，探讨和研究新科学技术的图书等被大量收藏。这些图书在当时对传播进步思想和科学知识起到了重要作用。

三、我国现代图书馆的发展

新中国成立后，中国图书馆事业的发展进入了一个新的阶段。我国现代图书馆的发展过程可划分为"三个阶段"：一是1949—1976年，新中国图书馆事业经历了建立、发展、停滞以及"文革"期间受到冲击的曲折发展过程；二是 1977—1999 年，改革开放后信息技术的应用使我国图书馆事业快速发展，逐渐向现代化转型；三是 2000 年至今，是我国图书馆事业发展繁荣时期，也是新时代数字化与智慧化图书馆事业发展时期。

解放初期，国家有计划、有步骤地接收了各类旧式图书馆，并向社会开放。1955 年，新中国文化部发布了《关于加强与改进公共图书馆工作的指示》等文件，明确了公共图书馆的方针、任务、服务对象及服务措施。同时，指出图书馆事业：一是为广大人民群众服务，发挥图书馆文化教育职能；二是向科研工作者提供图书资料，促进科学技术快速发展。新中国采取措施加强了对图书馆事业的领导，各类图书馆在建立和完善管理体制，制定并完善工作制度，加强基础建设，改善办馆条件，提高业务和服务水平等方面都取得了长足进步。

我国图书馆事业在 20 世纪 80 年代进入了快速发展时期。在我国，计算机普及应用相对较晚，20 世纪 80 年代起，计算机技术才逐渐应用于图书馆业务。早期的图书馆主要以"藏书"为主要职能，图书馆的业务工作也是围绕"典藏"来开展。这段时期，图书馆的藏书量普遍相对较少，图书编目采用书目卡片的方式供读者手工检索。20 世纪 80 年代，伴随着电子计算机在图书馆的应用，我国着手进行了计算机自动化系统的开发，图书馆开始建设机读中西文目录数据库，基于计算机网络技术的书目检索系统被广泛推广。随着馆藏资源的不断增多，图书胀库问题日益凸显，各图书馆之间又掀起一轮新场馆建设的竞赛。传统图书馆时期的弊端显著，图书馆的业务工作受到物理场馆的限制，无法满足读者日益增长的文献信息需求和全时空的服务需要。图书馆职能开始从以"典藏"为主逐渐转变为以"服务"为主，图书流通借阅模式也转变为"藏借阅一体化"的服务模式，采用开架借阅、通借通还等服务模式。90 年代，伴随着现代通信技术和网络技术的迅速发展，国内、国际互联网的开通，加快了我国图书馆自动化、网络化发展的速度。我国信息技术的快速发展促进了图书馆自动化、信息化建设水平的显著提升，图书馆逐渐朝着网络化、自动化、智能化、信息化、数字化方向快速发展。图书馆信息化水平的提高在一定程度上提高了信息服务的质量和效率，增强了图书馆的科技感，提升了读者的获得感。

随着中国社会经济、社会文化的发展，图书馆走上了全面发展的道路，并在互联网迅速发展时期开始向数字化迈进。在20世纪90年代后期，互联网和搜索引擎的快速发展，新兴技术应用及互联网的信息服务模式对图书馆的传统服务模式带来了巨大的冲击，促进了图书馆的加速创新。为了提升图书馆的服务质量和服务获得感，我国图书馆自动化建设的规模不断扩大，并引进了发达国家数字图书馆的概念。同时，中央政府把建设数字图书馆列入具有战略意义的民族文化工程。数字图书馆的发展是伴随着存储技术、数字技术的快速发展和搜索引擎的出现而逐渐发展起来的。数字图书馆是利用互联网为用户提供数字化信息资源存取服务，如通过网络向读者提供书目查询、图书预约续借、超期催还，馆际之间利用网络开展协作提供馆际互借等。数字化是资源的存在形式，网络化是资源存取的形式。资源数字化、服务网络化是数字图书馆的显著特点，开放的环境、便捷的服务和文献资源的共建共享是数字图书馆发展阶段的重要特征。

图书馆是人类文明的结晶，人类的知识宝库。它是通过收集、整理、保存和提供书刊文献资料为广大读者服务的科学教育文化机构。纵向看，我国经历了古代图书馆、近代图书馆和现代图书馆三大阶段。横向看，有国家图书馆、省级图书馆、市（地）级图书馆、县（区）级图书馆、乡（镇）级图书馆、社区图书馆、街道图书馆，以及新时代的"乡村书屋"。从部门看，有公共图书馆、企业图书馆、高校图书馆、中小学图书馆、部队图书馆、专业和科技科研部门图书馆、少数民族图书馆、基层图书馆等。

中国图书馆是伴随着中国社会的发展而不断发展繁荣起来，是在中国社会经济环境和中国社会文化成就的共同作用下不断前进的。古代图书馆对传承中华民族悠久的历史文化，发挥了重要的作用。近代图书馆在继承古代图书馆传统的基础上，结合引进西方文化建立发展起来，呈现出鲜明的社会性、教育性及创新时代特征。现代图书馆随着社会经济、文化不断发展，改革开放时代走向全面发展的道路，进入新时代以后开始向数字化、智能化、智慧化方向迈进。

第二节　现代图书馆的发展

一、现代图书馆发展的动因

现代图书馆发展的动因，可分为内因和外因。

（一）内因

兰开斯特关于"图书馆消亡论"的观点成为图书馆界人们心中最大的危机，围绕"图书馆消亡论"的讨论也从未停止过，创新也成为了图书馆生存、发展的永恒主题。同时，阮冈纳赞的"图书馆学五定律"一直被国际图书馆界誉为"我们职业最简明的表述"，并且始终以"五定律"作为图书馆工作的指导思想。"图书馆学五定律"非常简明扼要地阐述了图书馆学思想，每一位图书馆人都要思考如何将"图书馆学五定律"运用到实际工作中。总而言之，图书馆是一个生长着的有机体，其藏书的重点在于利用、流通和传播。

（二）外因

受到工业化革命的影响及外部新科技发展的助推。互联网的快速兴起和搜索引擎的出现，对图书馆传统的文献信息服务模式带来了巨大的冲击。首先，互联网的便捷、搜索引擎的高效，沉重打击了图书馆的以"典藏"为中心的传统信息服务模式。其次，搜索引擎基于"分布式元数据仓储"的数据信息整合模式，极大地提高了信息访问的速度，方便用户快速获取信息资源。最后，互联网和搜索引擎这种没有围墙的图书馆，对传统实体图书馆的服务模式也产生了巨大的冲击。图书馆要适时采用新兴科技，推动图书馆的服务转型发展，发展网络图书馆、数字图书馆，突破服务的时空限制，削弱互联网带给图书馆行业的冲击力。数字文献的快速获取也促使图书馆加快纸质资源馆藏的数字化步伐。现代图书馆为了弥补物理场馆存储空间的限制，通过建设电子图书、数字化期刊等数字信息资源来达到不断丰富图书馆馆藏的目的。

二、现代图书馆的基本属性

（一）服务性

现代图书馆的各项工作围绕"服务"二字来开展，服务属性是现代图书馆的最基本属性，更新服务理念、树立创新意识是现代图书馆的首要任务。现代化图书馆应该是服务体系和资源共享体系共同组成的综合体。图书馆人需要在服务理念、服务策略、服务原则、服务方式等方面积极探索新的思路与方法，推动图书馆事业的不断发展。

（二）开放性

支撑图书馆开放性的核心因素不是物质条件而是现代社会的价值观念。传统图书馆空间固定，藏、借、阅、管四个部分彼此分离，其管理办法强调科学而有序，围绕"资源"组织开展各项工作。随着社会进步和新科学技术的发展，社会化、信息化、网络化成为现代图书馆的主要特点，图书馆的职能也发生了变化。

现代图书馆的开放性体现在空间场所的开放可达，资源的便捷获取和服务的以人为本。图书馆在建筑结构上多采用开阔、灵活、连续的大空间布局使读者感受到图书馆的开放性，也强化了图书馆对社会的开放性。现代图书馆实行开放式管理，采用大流通、开架借阅等模式，读者能以最快、最方便和最直接的方式接触到书刊，而不像传统图书馆需要通过第三者（馆员）的服务才能接触到书刊。资源馆藏开放的范围也尽可能扩大，如开放样本库等。同时，现代图书馆大都开辟了基于全时空服务的网络平台，也体现出现代图书馆的开放性。服务方面，通过现代信息技术、智能设备以及更加细致的服务来实现无人管理和自助式服务，不设置门槛和障碍，给读者一个宽松、舒适的阅读环境。

（三）先进性

现代图书馆的先进性体现在其结合现代科学技术，摒除传统图书馆某些陈旧的思想观念，积极吸收国内外先进的管理思想，强化现代化管理意识。现代图书馆经历改革与创新，以适应新时期的读者需求，其先进性不仅仅体现在硬件设施上，更体现在管理理念、管理体制、人文环境、服务水平、高科技运用等方面。在空间管理上，运用先进的设计技术与理念，采用高科技的环保材料，使现代图书馆建筑空间达到节能和功能的完美结合。在资源建设上，现代图书馆运用先进的计算机技术和网络信息技术开展采访编目、文献加工、数据库建设等工作。在服务手段上，利用互联网加强文献信息传递和共享，轻松地搜集网络信息资源，广泛地进行信息素养教育，普及科学文化知识。在文献资源的利用上，现代图书馆提供有系统性、专业性的数据库、便捷的检索方式，使读者查找图书、文献资料的效率大大提高。

三、现代图书馆的现实矛盾

（一）信息服务产业化带来的压力

全球信息化时代背景下，社会信息化发展速度与规模远超预期。当前，信息资源在种类、数量、存储介质和传播手段上都发生了质的飞跃。社会信息服务产业也如雨后春笋般蓬勃发展，其产业化的程度也越来越高，如搜索引擎、软件开发、数据库产品、信息咨询、文化传媒等构成的社会综合信息服务系统对传统图书馆的发展造成了巨大的压力。图书馆的信息服务职能正在被日益增多的信息产业分割。图书馆提供的海量免费学术文献信息资源被大多数人所忽视。

（二）传统图书馆运作模式的影响

一方面，在行政隶属关系上，我国各类图书馆由各自所属的行政主管部门负责，因此在信息沟通、资源共建共享、馆际之间协作合作上需要建立跨部门协同机制。另一方面，我国图书馆的经费保障机制不健全，信息化水平参差不齐，服务能力、服务效率、社会影响力整体上落后于信息服务产业。同时，图书馆人才流失严重，缺少高层次人才也成为制约图书馆发展的重要因素。

（三）提升现代化的信息服务水平

现代图书馆的发展目标是对各种文献信息资源科学地进行收集、整理、加工、存储和传播，并采用现代科技手段来满足不同层次、不同类型读者的信息需求。为了提升现代化服务水平，需要培养一批从事图书馆事业的专业人才，需要吸收具备不同专业背景的高层次人才，建立科学合理的学科馆员队伍，使他们能够利用专业知识和现代化的设施设备为读者提供最精准、最前沿、高质量的信息服务，不断提升图书馆现代化服务水平。

四、现代图书馆的形态变革

（一）数字图书馆

1.从传统图书馆到数字图书馆

我们很难明确划分传统图书馆和数字图书馆，但是从概念上来看，传统图书馆和数字图书馆是不同的。在资源方面，传统图书馆是以印刷型文献为主要对象，重视物理形态资源的收藏和保存；而数字图书馆最大的特征则是它以数字化的文献资源为主体，通过资源数字化来减少物理形态资源的收藏和保存。在管理方面，传统图书馆将资源保存在一所场馆内进行集中式管理，资源使用受到地域限制；而数字图书馆的资源分散在不同地方，对资源采用分布式管理，资源的管理和使用不受地域限制。在资源加工描述方面，传统图书馆主要通过款目对文献进行描述，生成 MARC（Machine Readable Cataloging）数据；而数字图书馆的资源组织，是通过元数据对资源进行描述。在服务方面，传统图书馆的服务以资源为中心，以文献提供为主要服务内容；而数字图书馆的服务以用户为中心，并能提供个性化的信息服务。

数字图书馆与传统图书馆，既有区别又有联系。首先，数字图书馆数字化信息的收藏范围从广泛性和深入性上远远超出传统图书馆，资源数量和资源类型更加丰富，数字图书馆更加注重对信息内容进行深加工。其次，数字图书馆通过不同的渠道进行信息内容的传递。数字图书馆在信息传递上依托网络可以实现为全世界的用户提供远程信息服务，信息的传递更高效、便利、广泛，形式更加多样化。另一方面，数字图书馆仍然是一个图书馆，尽管学界对数字图书馆的定义存在不同解读，数字图书馆是对传统图书馆的结构、功能的继承和发展。从本质上看，它仍然具有收集、整理、加工、储存信息和提供信息服务的功能，只是信息载体发生了变化，它所提供的信息不是实体文献信息。数字图书馆和互联网有很多不同之处，数字图书馆具有概念化和虚拟化的边界，有确定的用户群体，而互联网是没有边界的，也没有确定的用户群体，任何人都能上网。数字图书馆通过权限管理形成虚拟边界，与传统图书馆的物理围栏具有相似的访问控制功能。

2.数字图书馆的特征

（1）信息资源数字化。资源的数字化是数字图书馆最主要的特征，也是信息资源最本质的特征，没有数字化的资源就无法在网络上提供高速的信息存取服务或信息咨询服务。数字图书馆的数字化资源来源主要有两个渠道：一是将本馆的馆藏资源进行数字化处理，特别是一些有价值的资源进行数字化的加工，这部分资源是图书馆的自建资源，在整个数字资源里占比较小；二是采购数字出版机构出版的各种电子出版物，包括电子图书、电子期刊等。

（2）信息存取网络化。数字图书馆是依附网络而存在的，数字图书馆的信息存取服务正是充分利用了网络这种分布式、不受时空限制的特性。首先，信息存取自由化。数字图书馆可以实现24小时不间断的开放服务，没有时间限制，对于用户来说灵活而自由。其次，信息资源分布化。数字图书馆的信息资源不一定是集中存储和集中管理的，它的资源可以来自网络中的多个服务节点。最后，信息资源共享化。数字图书馆的信息资源通过网络实现广泛、充分的共享，除了因知识产权等问题而人为设置障碍。

（3）信息服务增值化。数量庞大的信息资源正在导致信息垃圾化，图书馆需要借助智能化技术对信息进行知识挖掘，进一步发现信息中隐含的知识。这既是使信息增值也体现了图书馆的价值。信息增值使得用户能够在单位时间里获取更多有价值的信息。图书馆员首先对信息进行筛选甄别，把有价值的内容提炼出来，然后借助自动标引元数据、内容检索等技术对各种信息进行多维揭示，并提供智能化的检索系统为用户提供知识服务，从而使信息服务增值。

（二）复合图书馆

20世纪90年代，英国图书馆学家萨顿最早提出"复合图书馆"这一概念。关于复合图书馆的定义，国内外的学者有不同的看法，但是最终形成了一个共识，即复合图书馆是传统图书馆与数字图书馆有机结合产生的一种图书馆新形态。关于复合图书馆的认识分歧形成了关于图书馆的发展形态变化过程的两种不同的观点。一种观点认为，图书馆发展演进过程是从传统图书馆经过复合图书馆，再到数字图书馆阶段。另一种观点认为，图书馆是从传统图书馆经过数字图书馆，再发展到复合图书馆阶段。简单来说，复合图书馆实际上就是传统图书馆和数字图书馆的复合体。传统图书馆和数字图书馆都有自己的长处和短板，所以把这两种形态融合起来，形成取长补短的一种新形态。笔者认为，复合图书馆是目前国内图书馆的主要形态，高校图书馆更是如此。高校图书馆里既有传统图书馆的成分，馆藏有大量纸质书刊并提供纸质书刊的借阅服务，也有海量的数字化资源，提供基于网络的数字文献资源的信息服务。

1.复合图书馆的特征

复合图书馆是传统图书馆和数字图书馆各种构成要素的有机整合，主要包括资源、用户、馆员、馆舍和管理服务手段。资源方面，复合图书馆里的各种资源不是简单的聚合，而是将纸质文献、数字资源等所有资源进行有序的深度融合，形成了资源的新形态。相比而言，复合图书馆里的资源数量和种类更广泛、更全面。复合图书馆的用户包括到馆读者和网络用户两种类型。传统图书馆主要是为到馆读者提供服务，数字图书馆主要为网络上的用户提供各种信息咨询和服务，而复合图书馆则是为到馆读者和网络上的用户两类人群提供服务。复合图书馆的馆员应该是由各种不同学科背景的人员组成，对于馆员个体来说，图书馆员需要有复合型的知识结构和背景，熟练掌握信息管理、网络技术等图书馆的工作技能知识。复合图书馆的服务场所是由物理空间场所和虚拟空间场所共同组成。复合图书馆的管理服务手段由传统技术和现代技术相结合，传统技术在实体图书馆继续发挥着作用，同时运用新的计算机技术、智能化技术和网络技术，进一步提升管理服务的质效。

2.复合图书馆的优势

与传统图书馆相比，复合图书馆中数字资源的种类、数量更加丰富、全面，来源渠道更多，远远超过了纸质资源。复合图书馆通过网络向读者提供远程访问数字资源服务，读者可以不受时间和空间的限制，随时随地获取资源服务，利用更加便捷。

与强调数字化资源独立性的数字图书馆相比，复合图书馆突出纸质与数字资源的深度融合，能够满足不同读者的需求和选择。对于有公共空间需求的读者来说，复合图书馆提供实体的阅览空间和服务。对于有信息需求的读者来说，复合图书馆的虚拟空间提供读者远程高效便捷地获取利用各种信息资源。复合图书馆能实现各种资源的优势互补，满足读者对不同类型信息资源的需求。纸质资源方便阅读和随身携带，适合资源长期安全保存，更具有历史意义和价值，而数字资源传播得更快更远，但是阅读需要借助其他设备。复合图书馆同时馆藏纸质资源和数字资源，使得两种不同载体的资源的优势得以互补，有利于信息资源的长期保存，同时满足了不同读者对不同信息资源的需求。因此，复合图书馆作为传统图书馆向数字图书馆发展演进过程中的一种中间形态，它既符合现实需要也能面向未来，适应未来发展要求。

3.复合图书馆的模式

符合图书馆的优势不仅体现在资源形态上，更体现在服务模式的创新中。复合图书馆的模式是目前国内高校图书馆的主要形态，其模式将会得到强化。高校图书馆具有公共场所、文化空间的性质，能为到馆读者创造一个促进学术交流活动和人际交流活动的信息共享空间。在资源的快速获取、文献传递和来源途径鉴别等方面，专业图书馆员可以提供很多帮助，因此即使在数字化时代，人们仍然需要专业图书馆员提供某些帮助。作为资源出版商连接终端用户的渠道和桥梁，图书馆仍发挥着重要作用，图书馆作为中介机构的作用仍不可替代。图书馆整合各种不同来源的资源（纸质资源、数字资源等），将各种不同来源、不同类型的资源进行融合，使得用户面对海量的信息资源时，信息查询和获取的效率显著提高。图书馆自主开发了很多信息资源，如自建数据库、特色数据库、网络资源导航系统、学科信息门户等，是图书馆对馆藏资源或互联网的信息进行评价、筛选、组织整理之后形成的有序化的网络资源，为用户查询获取提供更多的信息资源和途径。复合图书馆实现纸质资源和数字资源的无缝融合，并通过图书馆的门户网站或其他的信息服务平台向用户提供服务，使图书馆保障信息查询和获取资源的能力得到增强。

（三）智慧图书馆

"智慧图书馆"的概念最早可追溯到2003年，由芬兰奥卢大学图书馆学者 Aittola 提出，他认为智慧图书馆是一种不受时空限制，可以被全面感知的移动图书馆。智慧图书馆是以物联网、大数据、区块链及智能计算等设备和技术为基础，将图书馆的专业化管理和智能的感知、计算相结合，为用户提供智慧服务和管理的虚实有机融合的图书馆高级发展形态。

武汉大学信息管理学院教授陈传夫认为，智慧图书馆的理念是伴随大数据与人工智能的发展而形成的，建立在数字化、网络化、智能化的技术之上，是图书馆的新型业态。智慧图书馆已成为智慧社会发展的必然需求，图书馆作为重要的社会机构，不断顺应社会发展与用户需要，积极融入智慧社会建设。当前，移动互联网、大数据、人工智能等技术的发展驱使图书馆服务发生深刻变化。用户需求与信息行为的变化也使得图书馆提供智慧服务成为现实需要。图书馆所提供的智慧服务为用户带来服务场所、服务空间、服务手段、服务方式、服务内容的全新体验。将智能技术应用到图书馆中，以智能管理和智慧服务作为目标，推动智慧图书馆的发展。

1.智慧图书馆的标志

（1）智能化的管理。管理智能化是指采用智能技术实现采访、书刊编目、分拣、上架、盘点、文献流通、文献传递、资源推送、参考咨询等业务流程完全智能化。随着时代的发展、智能化技术的迭代，图书馆的智能化程度也会越来越高。

（2）智慧化的空间。智慧图书馆不断创新线上线下相结合的服务新模式，利用 AR、VR 等虚拟技术打造虚实融合的空间，注重用户体验。同时，智慧技术应用的场景空间智慧化，如空间管理、座位预约、智慧环境控制、自助借还、智能流通等。

（3）智慧化的服务。资源层面实现从采集、整理、加工、储存、分析到提供个性化服务等过程的智慧化。在技术层面，物联网、云计算、大数据、区块链、人工智能、虚拟现实等先进技术被应用到图书馆的智慧服务中，提升了服务的个性化、人性化和质量，为用户提供全面感知的智慧化服务。

（4）智慧化的馆员。智慧图书馆的馆员除了掌握图情方面的业务技能，还要具有复合型的知识结构和学科背景，具有很强的知识服务能力和学习能力，如跟踪智慧图书馆的前沿技术，对新技术应用有很高的敏感度，熟练使用智慧化技术手段，及时准确捕捉用户的潜在需要。作为智慧化馆员，能够和用户进行良好的互动交流，对图书馆的发展有很强的预见性和洞见力，把握图书馆未来发展的趋势。

（5）智慧化的环境。由硬环境和软环境两方面协调组成。硬环境是指对各种智能设备和智能技术的应用，有线、无线网络的全覆盖，各类感知和控制系统的应用。软环境是指与智慧图书馆相适应的人性化的管理制度，以及相关的标准、政策法规等。

2.智慧图书馆与数字图书馆的区别

数字图书馆与智慧图书馆做比较，有以下几方面的不同。

（1）馆藏资源。数字图书馆关注数字信息资源的开发利用，馆藏以数字化信息资源为主。智慧图书馆关注大数据信息系统的建设，强调把纸质资源、数字资源和智慧资源进行深度融合。

（2）服务模式。数字图书馆以数字信息资源共享、移动信息服务、个性化的推广、数字信息推荐服务为主，为用户提供知识服务。智慧图书馆强调图书馆互联互通、高度共享，大数据的智能分析与处理，注重服务人性化、个性化和主动化，为用户提供全面感知的智慧化服务，让用户获得更好的体验。

（3）核心技术。数字图书馆所依赖的核心技术是互联网、数据库、多媒体等数字信息技术。智慧图书馆的核心技术则是物联网、云计算、大数据分析、区块链、虚拟化、3D、RFID、智能定位等智能化技术。

（4）发展趋势。数字图书馆的发展重点是强调嵌入式的协作化服务等，而智慧图书馆的发展重点倾向于在大数据的信息构建、数据智能的分析处理、智慧化服务、绿色协调发展等方面做更多的探索。

五、从业务流程看现代图书馆形态的演变

（一）传统图书馆的业务流程：以物质流为基础

传统图书馆是以图书、期刊等印刷型纸质文献资源为基础，其内部的业务流程是以实体物质文献资源为基础，围绕纸质书刊等传统的信息资源进行图书期刊的采访、验收、加工、编目、典藏、上架、流通和阅览等。

（二）数字图书馆的业务流程：以信息流为基础

当图书馆发展到数字图书馆形态时，图书馆的业务流程发生了一些变化，即数字图书馆阶段服务提供以数字化信息资源为主。按照信息理论的观点，数字图书馆时期的业务流程表现为信息生命周期的全过程，即采集、组织、存储、传播、使用、销毁等。具体来说，信息资源的采访就是指数字资源的建设，对数据库采购的环节就是信息输入环节，信息加工环节是指对采购（或采集）的数据资源进行加工管理，将数据资源进行整合并建立一种知识网络。

信息输出的过程是指依托这样的知识网络为读者提供服务的过程。依托这种知识网络开展工作，如浏览、下载、文献传递、参考咨询等一系列基于数字资源的活动。在信息输出的过程通过输入的反馈反作用于信息的输入阶段。所以，从业务流程上来看，数字图书馆是以数字化信息资源为主，它的输入、管理和输出都是以信息源形式传播，完全符合信息生命周期的一个过程，这个过程被称为信息流。

（三）复合图书馆的业务流程：信息流与物质流的有机结合

传统图书馆与数字图书馆并存的图书馆形态被称为复合图书馆。复合图书馆中传统图书馆的物质流和数字图书馆的信息流两种业务流有机结合，同时传统图书馆的图书集成管理系统和数字图书馆的网络信息资源服务导航系统合二为一。这种图书馆形态依赖于信息资源库来实现图书馆的信息服务。

（四）智慧图书馆业务流程的新变化：信息流、物质流的融合与感知

智慧图书馆阶段，图书馆的业务流程发生了一些新的变化，实现了信息流、物质流的融合与感知。这些业务流程的变化是因为智慧图书馆采用了信息化、智能化、智慧化的设备和技术。

智能化设备，如自助咨询、自助借还、智能分拣、智能盘点、智能定位等功能设备；智慧化技术，如互联网、物联网、云计算、大数据、区块链等。智慧图书馆具有感知功能，首先是对位置的感知，利用RFID电子标签能实现馆内物质资源、设备的智能定位。对于每一位读者提出的资源需求，智慧图书馆可以提供物质层面的资源定位，如纸质图书的位置。通过视频监控设备、蓝牙等技术可以实现对用户的位置感知。此外，利用数据挖掘技术对读者的需求进行建模，根据用户画像分析用户潜在的信息需求并主动为其推送相关度高的知识资源、数字资源等，实现对用户需求的感知。

第三节　数字图书馆

数字图书馆是指组织数字化信息资源及利用数字化技术为用户提供信息服务的一种图书馆形态。通俗地说，数字图书馆是突破了时空限制、方便读者利用的超大规模的数字知识中心，是以计算机技术、网络技术、数字化技术为核心的现代信息技术在图书馆中的应用，是纸质书籍借阅服务向"声、光、电"等多种载体形态资源服务的"质"的转型。

一、数字图书馆概述

（一）数字图书馆的概念

20世纪90年代，随着计算机技术、网络通信技术、高密度存储技术以及多媒体技术的发展，伴随着IBM公司推出全球数字图书馆计划以及美国数字图书馆学会的成立，许多学者开始普遍使用"数字图书馆"一词，数字图书馆进入了发展的快车道。数字图书馆又称虚拟图书馆，不仅整合本馆所有资源，还可通过联机访问其他图书馆以及互联网中的免费资源。数字图书馆也被称为网上图书馆，提供网上访问和信息查询。数字图书馆是采用现代高新技术所支持的数字信息资源系统，从某种程度上弥补了因特网上信息分散、数字资源海量但难以发现和利用的状况。

（二）数字图书馆的功能技术

数字图书馆是一个开放式的硬件和软件的集成平台，通过利用不同的技术和产品把各种文献载体数字化，并通过网络提供服务。理论上，数字图书馆是一种引入管理和应用数字化的物理信息对象的方法。它具有五项功能，即各种载体数字化、数据的存储和管理、组织对数据的有效访问和查询、数字化资料在网上发布和传送、系统管理和版权保护。这五项功能既是数字图书馆的基本功能，又是数字图书馆实用化的五项关键技术。

数字图书馆的主要技术包括网络技术、数字化处理技术、超大规模数据库技术、高密度存储技术（如磁盘光盘存储技术、磁盘阵列技术等）、多媒体信息技术、条形码技术、触摸屏技术、移动图书馆技术和安全加密技术等，以及 AI、区块链等新兴技术应用。这些技术的综合应用，使得数字图书馆能够提供高效、便捷、个性化的信息服务。

（三）数字图书馆的建设意义

数字图书馆改变了信息加工、组织、存储和利用的传统方式，借助网络和高性能服务器等实现信息资源的有效利用和共享。数字图书馆有效地突破了时空限制，对图书馆的服务能力、服务效率、管理水平起到巨大的提升作用。读者对文献信息资源的获取利用更公平、更便捷、更高效。数字图书馆改变传统图书馆的工作方式和服务模式，可以更好地履行图书馆倡导、组织和服务读者阅读的重要职能，读者也可以在世界各地通过网络去阅览数字图书馆中的丰富信息。

二、数字图书馆与传统图书馆的区别

数字图书馆是图书馆发展过程中的一个非常重要的阶段，是图书馆发展的一次质的飞跃。

（一）文献载体的变化

传统图书馆以收藏纸介质的图书、期刊、报纸、年鉴等文献为主，而数字图书馆的馆藏包括纸质文献、数据库、电子图书、教育教学软件以及以声、光、电等形式存在的各种电子文献、音像制品等。

（二）馆藏概念的变化

数字图书馆的馆藏更加丰富，无论是资源数量、资源类型以及资源的载体。传统图书馆的馆藏资源主要是本馆的实体资料，而数字图书馆馆藏包括本馆的实体馆藏、各种类型和介质的数字化馆藏以及收集整理的网络数字资源。数字图书馆还可以通过网络访问国内外的其他图书馆，极大地丰富和发展了图书馆馆藏。

（三）采访工作的变化

数字图书馆阶段，书刊采访工作不仅可以在线下进行，还可以足不出户在线上完成。图书馆通过网络可以随时获取图书出版信息，收集用户的需求及意见反馈，完成图书采访及付款的一系列采购工作。

（四）编目工作的变化

图书馆编目方式发生重大变化，即由传统的卡片目录变成了功能强大的机读目录。编目的对象不仅包括纸质资源，也包括电子资源和网络虚拟资源等。同时，编目工作可以通过业务外包的方式，将馆内编目、贴磁条、贴标签、贴书标及条形码等工作外包给从事分类编目、加工服务的专业服务公司。

（五）文献信息服务工作的变化

传统图书馆一般是通过纸质资源到馆流通来实现对文献信息资源的利用，而数字图书馆除了提供纸质书刊的阅览和借还服务，还提供电子资源的网络访问。通过将馆藏资源数字化后，利用互联网实现文献信息资源的传播和获取，并且不会受到时空限制和副本数的限制。

数字图书馆还提供基于网络的文献传递、代查代检和参考咨询等服务。

（六）管理服务理念的变化

传统图书馆以"资源"为中心，所有工作都是围绕"资源"来开展，提供相对固定模式的信息服务，而数字图书馆则强调以"用户"为中心，根据用户需求设置服务项目和模式，为不同用户提供有差别的个性化信息服务。

（七）共享与合作的变化

数字图书馆阶段，图书馆与其他图书馆、信息服务机构的合作明显增强。通过互联网实现了馆际协作、联合编目、馆际互借以及其他文献信息资源库的共建共享等工作。

数字图书馆与传统图书馆相比具有文献资源更丰富、传播获取更便利且提供更具有针对性服务的巨大优势。数字图书馆可以弥补传统图书馆的不足，但并不能完全替代传统图书馆的纸本资源管理服务方式。无论社会信息环境发生怎样的变化，传统图书馆保存文化遗产的功能都不可取代。无论数字化技术如何非常精确地复制原件，都无法取代历史遗留在文献载体上的价值。同时，数字化文献本身仍然存在许多缺陷需要解决，如依赖硬件设备支持、单独的阅读器、载体寿命短暂、版权问题以及不同系统的兼容性问题等。

三、数字图书馆的资源建设

馆藏资源建设是数字图书馆建设的重要内容。馆藏资源的类型分为纸质资源和数字资源，数字资源馆藏又分为现实馆藏和虚拟馆藏。资源建设途径主要包括图书馆引进、自建、共享和网络上的免费资源。

电子资源包括中文电子资源库、外文电子资源库、自建数据库资源、开放课程、共享和免费资源等。电子资源按照资源类型又分为文本、图片、音频、视频、多媒体资源、免费软件和工具等。

（一）资源建设的措施

1.引进专业数据库

首先，根据办馆特点和专业特色，引进专业数据库是建设数字馆藏最直接、高效的途径，特别是外文数据库的建设，很难通过自建或免费的方式获取。其次，引进专业数据库应根据图书馆的实际去综合考虑，如内容、质量、价格等方面。例如，高校图书馆可以根据学校的学科专业设置，有针对性地选择能涵盖各主要学科的数据库，还要注意数据库信息来源的权威性。

中文电子资源的引进主要聚焦国内用户较多、访问量较大的期刊、图书、会议论文、博硕士论文，以及报纸、标准、年鉴、事实型数据库、视频数据库等类型。引进的外文电子资源主要以数字化学术期刊、电子图书、引文数据库为主，由于外文数据库的价格较高，外文数据的购买占比往往比中文数据库的比例大，但是数量却没有中文数据库的资源数据量多。

2.自建数据库资源

自建数据库主要是图书馆馆藏书目数据、馆藏资源的数字化，以及其他一些自建的特色资源数据库等。

3.获取共享和免费资源

数字图书馆搜集整理其他图书馆、学术机构、研究机构分享的学术论文、研究报告、学位论文等学术研究成果，以网络资源导航等形式提供给用户利用。此外，一些电子图书、在线数据库、开放课程等资源也可以通过数字图书馆共享和免费获取。同时，通过开发网络资源来补充现实馆藏。利用站点导航和搜索引擎等手段向读者提供信息服务。一方面，学科导航虽然内容揭示深度上不如规范性数据库，但信息揭示广度上优于规范性数据库。另一方面，虽然专业学科导航在形式上类似于搜索引擎，但在满足特定学科查询要求时显然优于搜索引擎。

（二）自建数据库的类型

1.馆藏书目数据库

书目数据库提供用户远程检索馆藏书刊目录信息，在书目数据库基础上建立地区性和全国性的联合目录，有助于实现文献信息资源的合理布局和资源共享。书目数据库通常采用自建、购买标准书目数据套录、套录和自建相结合三种方式。套录和自建书目数据库都有各自的优缺点。套录标准书目，优点是著录项较多、数据比较详细、完善；缺点是建设速度相对较慢。自建书目数据库，优点是建设速度自由、灵活；缺点是书目信息采集录入的工作量较大，且过程中质量不易控制，数据不够标准质量参差不齐。影响自建书目数据库质量的因素主要有以下几点：原图书的分类不正确或著录项不全，字段较少或缺少某些字段信息，某些信息所归字段不正确或某些字段信息错误，录入中出现错字、错词或漏录的字、词等。

2.中外文期刊目录索引库

传统图书馆文献资料的信息组织是依据中图法、科图法等进行科学分类，并建立主题目录、分类目录等目录体系，而数字图书馆除书目信息数据库之外，还包括各种中外文期刊索引库的建设。建设期刊目录索引库，是对期刊信息的深层次的挖掘利用，通过期刊目录索引库获取从刊名具体到篇名的资源。

3.随书光盘数据库（电子出版物的管理）

所谓随书光盘，就是指在印刷型图书中夹带的光盘。图书馆以往订购的图书或期刊，随书附带的光盘没有很好地保存，这是一种资源的闲置或浪费。数字图书馆环境下，采购的图书中光盘的数量越来越多，其中计算机类图书随书光盘约占9成以上。因此，应利用数字技术、网络技术，对随书光盘进行归类整理，供读者网上阅读浏览。

4.报纸专题资源库

报纸以文字和图片方式大量记载了社会政治、经济、文化、科学、教育、生活等方面的重要事件，其传递信息速度快、时效性强、参考价值大、传播范围广，已成为读者学习、教学、科研、生活中重要的信息源之一。由于同类报纸越来越多，读者需要的某一专题信息分布在不同的报纸上，使得读者查找利用某一专题信息时费时费力。专题剪报是对报纸信息资源进行深加工的一种形式。剪报工作是将无序的报纸信息有序化、浓缩化，汇成专题信息满足读者的个性化需求，进一步提高报纸文献的利用率。

5.流媒体数据库

数字化文献资源不仅包括文本、图片等类型，音视频等多媒体数字信息资源也是图书馆数字化资源的重要组成部分。流媒体具有支持多点并发、一对多、多对多的特性，可满足多人同时在线播放，并且不会在用户端留下多媒体资料的拷贝，有效地保护了作者的知识产权。采用流媒体压缩编码技术，文件压缩率高对带宽资源消耗低，传输时不容易造成网络拥堵。因此，可以将流媒体技术引入图书馆的多媒体信息资源建设，建设赏析类视频资源库、学科类MOOC精品课程视频库等。

6.特色资源数据库

特色资源数据库是根据馆藏特色、地方特色文献或优势资源，集中整理各类相关文献而建立的。

（1）高校馆建设"学科型、学术型"特色数字馆藏。高校图书馆特色数字馆藏的建设可以围绕着专家库、成果库以及对重点学科与特色学科的数字信息资源进行重点收集，而最直接有效的途径是围绕重点学科和重点专业进行书目数据库、事实数据库、全文数据库和多媒体数据库的建设。例如，建设本校的学位论文数据库，由于学位论文的许多选题涉及学科前沿或前人尚未涉足的领域，有些是导师参与的国家尖端课题的组成部分，因而学位论文数据库具有内容新颖、专业性强、学术价值高等优点，可以作为图书馆重点建设的特色馆藏之一。

（2）公共图书馆建设"地方型"特色数字馆藏。公共图书馆以当地的政治、经济、文化、教育、历史、民族等为背景，在特色数字馆藏的建设上，应当体现地方政治经济、历史文化、农业发展等特色。

（三）资源建设存在的问题

我国数字图书馆建设已经取得了比较好的成效，但总体发展不平衡，地区之间、馆际之间的差距较大。数字资源建设仍存在如下结构性问题：

（1）从收藏的数字资源的数量和种类看，图书馆主要是通过引进的方式获得，而自建的数字资源较少。总体上，馆藏资源数字化程度不高。

（2）数字资源存在重复现象。目前，我国针对学术文献数据库建设尚未形成统一规划和集中管理，基于不同平台的数据库其收录的文献内容存在重复的问题。以中文数字化期刊为例，中国知网的"学术期刊库"、维普的"中文科技期刊全文数据库"，以及万方的"数字化期刊"都存在不同程度的内容重复。外文数字化期刊也存在此类问题。

（3）异构平台的资源没有有效地集成和整合。数字图书馆对多个异质、异构的数字资源没有进行集成与整合，每个资源系统都有各自独立的检索入口，从而造成一定程度的"数字信息孤岛"。

四、数字图书馆的服务平台

（一）数字图书馆的主要服务途径

1.搜索引擎

搜索引擎是数字图书馆组织和发现数字文献信息资源的重要工具。其会对数字图书馆中的所有文献进行索引，依托多种信息技术为用户提供高效、便捷、高关联性的信息服务。搜索引擎根据用户在搜索框中输入的关键词或查询条件，按照配置算法和匹配策略在索引库中进行精准检索，检索出相关文献并按照一定的排序规则反馈给用户。目前搜索引擎的检索方式大致可分为四种：浏览式查询、按照主题分类目录查询、关键词或自然语言的检索、集成式多线索的检索。

2.全文检索系统

全文检索系统提供自然语言接口功能，并引入超文本和超媒体的技术等，可以满足用户的深度、精准和快速的检索要求。全文检索系统不但提供检索本地数字图书馆内的所有文献，还能提供超文本联想检索和网络检索，根据用户的需求跳转到另一个图书馆网站获取所需资料。

（二）数字图书馆的综合服务管理平台

数字图书馆综合服务管理平台是一个图书馆多类型混合资源的管理平台，提供"一站式"检索服务，可以解决门户网站上各种资源多个访问入口的问题，实现在资源链接调度上，一个检索对多个目标数据库的开放式动态链接系统等。数字图书馆综合服务管理平台主要包含图书集成管理系统、数字图书馆门户（网站）系统、门户网站内容协作管理平台、异构资源整合统一搜索平台、个人数字图书馆系统、虚拟参考咨询服务系统、门户统一身份认证、单点登录系统、馆际互借与文献传递系统、重点学科网络资源导航库系统、资源调度系统、随书光盘管理与发布系统、学位论文提交与发布系统、网络信息雷达系统、特色库建库系统、数据加工系统等信息系统。

1. 图书集成管理系统

图书集成管理系统软件采用C/S或B/S架构，底层采用SQL Server、Oracle等大型数据库管理系统，面向网络化、标准化、数字化、区域化为基本设计思想，具有完备的系统功能、友好的用户界面、灵活的参数设置，并遵循各类标准协议。图书馆集成管理系统能满足图书馆多个分馆自动化系统统一处理平台的要求，多分馆模式管理中从独立馆到主/分馆、馆/系模式等。功能模块具有采访模块、编目模块、流通及OPAC模块、典藏模块、期刊模块、统计管理功能、系统管理、系统参数设置等功能，支持网络环境下馆际互借、联合编目、联合采购、一卡通借阅、网上借阅、短信息服务等功能，支持数字资源编目、多媒体及电子文献管理与深层次加工的功能，提供管理所有类型的电子馆藏的完全集成的解决方案。同时，具有数据接口，方便二次开发和第三方软件与现有系统高度集成、无缝连接。

2. 数字图书馆门户（网站）系统

数字图书馆门户（网站）系统软件包括以下功能：内容发布与管理、资源整合、知识管理、内容聚集、个性化内容定制、个性化内容展示、个性化页面及风格、团队协作、第三方应用集成（统一身份认证、单点登录、搜索引擎）等。门户系统既可以向用户提供个性化定制服务，又可以帮助用户梳理庞杂的资源，更加关注内容、关注个人、关注使用体验。

3. 异构资源整合统一检索平台

异构资源整合统一检索平台对多个相对独立数字资源系统中的数据对象、功能结构及互动关系进行融合、类聚和重组，重新建立一个新的信息资源体系，实现数字资源的集中管理、跨平台、跨数据库检索。统一检索平台通过统一的检索浏览界面，提供一站式检索服务，让用户通过一个检索入口就能检索到几乎所有的馆藏数字资源，以解决"信息孤岛"问题。异构资源整合统一检索平台软件具有资源检索、用户管理、资源分类检索、浏览日志和资源排行等功能。

4.个人数字图书馆系统

个人数字图书馆是指个人或个人团体根据自身需要，自己创建、维护和使用以实现个人信息贮存、检索、传输和优控功能的知识信息集合。个人数字图书馆是贴近用户个性化需求的数字图书馆，它具备以下特点：第一，个人数字图书馆是用户主体依据自身的需要收集、整理和编辑信息，自主地决定个人数字图书馆的外观、布局等，其建立和维护是主体的个性化自觉行为。第二，个人数字图书馆保护个人隐私，仅供个人或个人团体使用或访问。第三，个人数字图书馆具备储存、检索、传输和优控等功能。第四，个人数字图书馆是数字图书馆信息资源的提炼与固化，是信息资源个性化处理的结果，是对面向用户的数字图书馆的补充。

5.虚拟参考咨询服务系统

传统的咨询服务存在以下缺陷：咨询方式单一且效率低；处理流程复杂且工作量大；咨询过程难以记录，不便于对知识的积累和利用。虚拟参考咨询服务是数字图书馆环境下传统咨询服务模式的拓展，用以促进用户的咨询交流，提高咨询的质量和效率，方便知识的积累和利用。它是一种借鉴了电子商务网站中在线客服的模式，通过FAQ（常见问题解答）、实时咨询、电子邮件、Web表格、在线聊天、共同浏览等形式满足读者信息咨询需求的一种信息服务模式。

6.馆际互借与文献传递系统

馆际互借与文献传递系统是图书馆、科研单位及文献提供机构之间进行文献资源互借和传递的一种网络信息系统。馆际互借与文献传递系统主要提供文献检索、馆际互借和文献传递功能。用户可以通过系统搜索各个图书馆、文献服务机构的文献资源，可以通过系统申请借阅其他图书馆、文献机构的文献资源，系统会自动将请求发送给对应图书馆和文献机构，并协助完成借阅手续。用户可以申请复印或扫描其他图书馆、文献机构的文献资源，系统会协助完成传递手续。通过馆际互借与文献传递系统，用户可以获取到本馆之外更广泛的文献资源，弥补了本馆馆藏资源的不足，提高图书馆服务的覆盖范围和便利性。同时，图书馆、机构之间也可以通过系统进行资源共享和合作，提高整体的文献资源利用效率。

7.重点学科网络资源导航库系统

重点学科网络资源导航库系统是一个集中整合覆盖多个学科领域重要网络资源的在线平台，采用网络资源元数据标准，构建一个智能化网络资源收集与管理的系统。它的主要目标是为学生、教师和科研人员提供一个查找、访问并利用与各学科相关的高质量网络资源的途径，帮助用户更好地利用网络资源进行学习、教学和研究。通过该系统，用户可以减少查找资源的时间和精力，提高学术研究的效率和质量。该系统通常包含以下功能：学科分类导航、搜索引擎、资源链接、个人收藏与分享、数据发布与检索、网页搜索加工、编目系统、元数据管理、用户管理和系统管理。

8.随书光盘管理与发布系统

该系统是将随书光盘的内容进行编目、加工、保存和发布，以ISO镜像文件存储在Web服务器里。用户可以随时随地通过Web来检索光盘目录数据库，对光盘ISO镜像文件进行在线浏览并灵活读取其中的全部或部分内容，也可以将该ISO镜像文件下载到本地。利用随书光盘发布系统，既方便了读者快速获取随书光盘内容，提高了光盘的利用率，也简化了图书馆对光盘资料的保存和管理。

9.资源调度系统

资源调度系统是基于 OpenURL 国际标准的多级调度系统，通过与检索、互借、用户认证系统集成，资源调度服务系统可实现不同类型、不同服务方式的数字资源的无缝链接。

10.网络信息雷达系统

网络信息雷达系统就是跟踪和监控最新事件的消息和报道，进而建立即时信息的资料库并提供信息服务。网络信息雷达系统可以简单地理解为实时信息的搜索引擎，采用信息自动分类技术、知识去重技术和信息检索技术等，为用户提供单一入口、分类导航、全方位信息检索、可追踪和再利用的信息服务系统。它具有可定制性、实时性、实用性、通用性、开放性、持续性等丰富的特性。

11.门户统一身份认证、单点登录系统

统一身份认证和单点登录是两种不同的身份认证技术，目的都是提高信息系统的安全性和便利性，但它们的使用范围和应用方式不同。统一身份认证是在多个系统之间使用统一的身份验证方案，它支持一个用户使用一个账户和密码访问多个系统，而无需设置多个用户名和密码，以提高信息访问的安全性和性能。单点登录是一种先进的认证技术，它允许用户使用一个用户 ID 和密码访问不同的应用程序，支持跨域及跨平台的协作应用单点登录。单点登录将用户信息保存在一个中央位置，以便用户可以在访问多个应用程序时只需输入一次用户名和密码即可访问。

五、数字图书馆支撑保障体系的建设

硬件设施是图书馆数字化建设的基石，它直接影响到数字资源建设的可行性和服务的可靠性。数字图书馆硬件支撑保障系统包括全局网络安全防范系统、网络存储应用系统等。

（一）网络存储应用系统

由于在数字图书馆信息系统中流通的大多是数字化的索引、文摘、全文、图像或音频视频等多种媒体信息，对服务器性能与网络带宽以及存储空间等都有更高的要求。

1.增加网络服务设备，提升网络性能

数字图书馆增加高性能、高可靠性的服务器设备，以提高系统访问速度和降低服务器超负荷运作的故障频率。采用均衡负载设备（如双机镜像集群），提高服务器访问性能，并降低单点故障风险。均衡负载设备是独立于服务器的硬件，通过负载调度程序为各个服务器分配工作量，从而达到平衡工作负载，优化系统的性能和响应时间，避免过载并最大限度地利用系统资源。

2.增加存储设备和存储容量

数字化信息存储是数字图书馆建设的基础，数字图书馆需要存储设备来满足海量数字资源的保存，通过保障信息的安全性、可靠性和可访问性，支持基于局域网、互联网及无线互联网等多场景的数字化信息服务。存储设备按照数据存储技术的不同，可以分为直接附属存储（DAS）、网络附属存储（NAS）、存储区域网（SAN）、IP存储（IPS-SAN）等多种存储方式，能够满足数字图书馆不同的业务需求。

（二）数字图书馆全局网络安全防范体系

对于数字图书馆来说，"安全稳定"的网络环境是数字图书馆运行的基石，其直接影响到数字图书馆整体业务的顺畅稳定运行。数字图书馆需要对本地化的数字资源、自建数据库的珍贵资料进行合理有效的安全防护，图书馆局域网中一旦有危险级别较高的病毒侵入，将直接对数字图书馆网络核心系统构成威胁。"移动存储介质"是病毒传播主要途径之一，电子阅览室因用户频繁使用U盘、移动硬盘等介质，成为病毒传播的高危区域，人工检查和控制手段难以有效防范。

随着数字图书馆网络规模的扩大、网络设备的不断增多，以及各种多元化业务的开展，通过部署高效便捷的网络安全管理系统能大大简化管理员的工作并提高工作效率，在出现故障时可显著缩短由于网络原因造成数字图书馆业务中断的时间。数字图书馆需要建设由软件和硬件组成的面向全局的网络安全防范体系，包括安全管理平台系统、安全事件解析系统、安全认证系统、防病毒软件、安全接入交换机、硬件防火墙、入侵检测系统（IDS）、入侵防御系统（IPS）、Web应用防火墙和漏洞扫描系统等，共同构筑用于加强数字图书馆网络安全及数字化资源保护的屏障。

第二章　智慧图书馆概述

　　智慧图书馆是图书馆的高级形态。十年之前，国内学者对于智慧图书馆的探索，更多的是从学术层面和创新层面入手。随着研究的不断深入，关于智慧图书馆的研究开始从概念特征逐渐向建设路径和发展模式方面深入。

　　现今，智慧图书馆的建设研究已经成为时代和政策的整体要求，以智慧图书馆建设为契机，实现图书馆的数字化转型，实现图书馆高质量的发展。智慧图书馆的本质追求之一是数字惠民。因此，智慧图书馆建设既要关注技术属性和创新特质，也要关注功能属性和人文关怀，技术和人文的相互融合是智慧图书馆未来发展的正确方向。

第一节　智慧图书馆的产生背景

随着云计算、物联网、大数据等信息技术的出现和应用，图书馆开始了智慧图书馆的演进和快速发展之路。"智慧"成为智能、感知、融合创新的代名词，作为传统行业的图书馆也开始积极与"智慧"融合，将数字化等信息技术及设备纳入其中，形成了"智慧图书馆"的概念与服务理念。很多公共图书馆和高校图书馆开始进行自身改造，将物联网、移动互联网、人工智能等现代信息技术与服务流程进行充分融合，提高管理服务水平，提升用户体验效果。

一、智慧图书馆的起源

智慧图书馆的早期探索源于国外，其理论与实践在欧美国家的发展迅速。2001年10月，澳大利亚昆士兰州立图书馆建立了全球第一个"智慧图书馆网络"，旨在通过智慧图书馆的建设将物理与虚拟社区结合起来。2003年，芬兰奥卢大学图书馆提供了一项被称为"Smart Library"的新服务。同时，奥卢大学图书馆的Aittola在一篇题为《智慧图书馆：基于位置感知的移动图书馆服务》的会议论文中首次提出了"智慧图书馆"这一概念。Aittola对"智慧图书馆"概念进行了阐述，指出智慧图书馆是借助新技术，如RFID（Radio Frequency Ideatification，无线射频识别）、计算机网络和人工智能技术等，将传统的图书馆服务智慧化，从而使传统的图书馆服务成为不受时空限制、容易被感知的移动图书馆服务，其能够帮助用户从图书馆中查找所需书籍及其他资料。2004年，加拿大首都渥太华的一些图书馆联合博物馆、多所大学建立起了"智慧图书馆"（Smart Library）联盟，将智慧图书馆应用到实践中，利用同一个搜索引擎为用户提供一站式服务。2008年，

IBM公司提出了"智慧地球"概念之后，"智慧城市""智慧社区""智慧校园"等新概念应运而生并在理论研究中日益活跃。"智慧图书馆"也开始引起图书馆界的重视，掀起了智慧图书馆理论研究的热潮。随着RFID等物联网技术的普及，智慧图书馆从理论研究转向大规模实践应用。

1999年，台湾学者林文睿从智慧型图书馆建筑的角度首次提到"智慧图书馆"。其后，包含"智慧图书馆"概念的相关研究相继出现，但主要聚焦于数字化图书馆或由图书馆为用户提供的信息服务方面。2005年，上海图书馆开展了手机移动图书馆服务。2010年，严栋提出了具有实质意义的"智慧图书馆"概念，此后"智慧图书馆"的研究和实践逐步推广开来。2009年，北京邮电大学图书馆开始研制感知型智慧图书馆示范系统（BUPT-SLDS, Beijing University of Posts and Tele-communications Smart Library）。2010年，台北市图书馆利用RFID技术建设了一个自助式智慧图书馆，通过感应装置来验证用户身份，用户可通过自助借还机进行自助借还。2012年，深圳盐田区图书馆搭建智能化、网络化、数字化、一体化的图书馆智慧平台。目前，国内许多图书馆都建设了RFID图书系统，实现了图书自助借还和盘点。

二、智慧图书馆产生的背景分析

从大的环境中来看，智慧图书馆的产生和发展可分为内因和外因。社会需求是智慧图书馆产生发展的外因，在全球智慧化建设的大背景下，智慧地球、智慧城市等概念被提出之后，智慧图书馆作为智慧校园建设的微观体现，自然会被提到建设日程中。同时，在国家高质量发展建设的宏观背景下，政策层面的支持和引导推动着智慧图书馆的健康发展。图书馆转型并不是对传统图书馆的全盘否定，而是在原有基础上的升级变革，是一个循序渐进的过程。图书馆为应对数字环境变化，对传统工作状态做出改革调整，可能是某一项具体业务的改进，也可能是组织结构的变化，或者是图书馆宏观发展战略的调整。这些改革创新的目的是满足用户不断变化的信息需求，从而巩固图书馆自身社会地位。智慧图书馆的建设和发展离不开图书馆自身的内在动力。图书馆需要不断创新、优化服务，实现智能化升级和数字化转型，提高图书馆的管理效率和服务质量，从而适应社会变革和读者需求的变化，更好地满足读者的需求。技术和人文的相互融合促进了图书馆向智慧图书馆的方向发展。

（一）智慧图书馆产生的人文背景

图书馆的不断发展始于人文主义，即获得知识的自由、获取方式的平等，技术的广泛应用，实现了知识的更广泛覆盖和自由灵活高效获取。

从图书馆的发展史来看，我国图书馆经历了三个发展时期：古代藏书楼时期、近代传统图书馆时期和现代图书馆时期。在相当长的封建时代，图书作为人类知识与智慧的结晶，数量少且珍贵，长期以来被统治阶级作为私有财产，普通百姓很难接触和获取。19世纪末20世纪初，在西学东渐的大文化背景下与维新变法的有力推动下，图书馆终于向普通民众打开了知识之门，完成了从古代藏书楼向近代图书馆的转变。图书馆逐渐变成了启迪民智、增进知识的重要手段，是中国图书馆历史演进中的第一次转型，但典藏依然是近代图书馆的主要职能。

改革开放以后，文化领域出现了各种新思想和新事物并逐步被人们所接受，其中要求变革创建现代图书馆的舆论日渐高涨。20世纪末21世纪初，我国图书馆实现了由传统图书馆向现代图书馆的转型。现代图书馆的职能不仅是保存人类文化遗产，也要承担传播科学知识，开展社会教育等多种职能。我国图书馆事业向前迈进了很大一步。社会环境的变化始终对图书馆的转型发展产生深远而积极的影响和推动。随着国家经济的快速发展以及物质生活的不断丰富，人们对精神文化方面的需求也不断提升，对图书馆服务的要求也不断提高，提出了高效、精准、泛在化、主动性的信息服务要求。图书馆适时而变，从以"资源为中心"转变为"以服务为中心"，围绕读者开展工作，尽可能满足读者个性化、多元化的信息需求。

科学技术是图书馆创新发展的重要技术保障，人文关怀始终是图书馆精神的实质。智慧图书馆应该是科学技术和人文精神融合发展的有机体。一方面，智慧图书馆以新兴科技为手段，满足读者个性化需求，确保信息服务的自由获取、平等和高效利用，发挥图书馆的服务职能，充分体现图书馆的价值。另一方面，智慧图书馆强调的是智慧的产生，实现将信息转化为知识，将知识转化为智慧的质变过程，帮助读者成为拥有思想的人。

（二）智慧图书馆产生的社会背景

除了人文因素的推动，智慧图书馆的产生也离不开特定的社会背景。现代图书馆的社会职能伴随着社会需求的变化而在不断地变化。图书馆作为社会的一种机构，其社会职能始终是社会需求最真实的体现。在农业社会，图书馆的职能是保存信息，即为人类保存生活中积累的经验知识。在工业文明时期，图书馆的职能是保障知识的自由、平等获取。当代，在全人类知识一体化的背景下，图书馆的职能是尽力消除"信息鸿沟"，实现知识面前人人平等。同时，开展人性化、个性化的现代信息服务，让人们实现更好的自我发展。

不同时期，社会背景不同，图书馆的服务功能也会有所不同。信息社会，利用信息的社会主体变得多元化，原先利用信息的主体是学生、知识分子、科技人员等，现在变成社会各行各业人员都离不开信息。用户需要信息资源更多样化，不同载体、不同学科、不同知识领域的综合信息资源都是人们所需要的。用户希望信息检索更简单便捷，能快速地获得个人所需的信息。随着智慧地球、智慧城市、智慧校园等概念的先后提出，网络化、数字化和智慧化成为现在和未来社会发展的趋势，促进世界更全面地互联互通也成了人类的愿景。在开放、共享、和谐和绿色发展的社会背景下，智慧图书馆也需要建设成为泛在化、开放式、和谐与共享和充满人文情怀，成为智慧城市中读者的精神家园。2021年3月8日，文化和旅游部、国家发展和改革委员会、财政部三部委发布《关于推动公共文化服务高质量发展的意见》指出，"加强智慧图书馆体系建设"，成为推动公共文化服务高质量发展的主要任务。此外，2022年，中共中央办公厅、国务院办公厅印发《关于推进实施国家文化数字化战略的意见》；2023年，中共中央、国务院发布《数字中国建设整体布局规划》。这些宏观政策的本质都是要求图书馆实现智慧化管理和智慧化服务，开展一些与智慧图书馆相关的建设工作。这种状况的出现正是因为整个社会都希望图书馆能够更进一步的实现智慧化。《国家图书馆"十四五"发展规划》提出智慧转型战略，公共图书馆、高校图书馆、专业图书馆等各大系统图书馆都将智慧服务和智慧图书馆作为未来发展的重要方向。国家图书馆把智慧图书馆的建设作为"十四五"期间整体规划的一个核心部分，许多图书馆也陆续发布了"十四五"规划，启动智慧服务与智慧图书馆建设工程。智慧图书馆融合于智慧校园、智慧城市之内，形成读者、馆藏资源与图书馆高度的互联与互通，也是未来社会对图书馆赋予的责任和要求。

（三）智慧图书馆产生的行业背景

智慧图书馆的"智慧"体现在哪里？智慧图书馆是人的智慧、物的智慧和信息技术智能的结合，包括智慧化的服务和智慧化的管理。图书馆是知识殿堂，知识从某一角度来看就是人类智慧的结晶，因此图书馆是人类智慧的集散地。发展是事物永不停息的运动变化，创新则是图书馆永恒的主题。著名的学者阮冈纳赞在他的"图书馆学五定律"里给图书馆定义为"图书馆是一个生长着的有机体"。图书馆不是一成不变的，其是有生命力的，需要与时俱进、不断生长。创新驱动是图书馆内在的一种驱动力，进入了信息时代，创新已经成为一种常态，不断地创新驱动图书馆发生变革。

目前，国内高校图书馆大都面临着转型发展的紧迫问题，也普遍存在着一些问题亟待解决：

（1）伴随着网络技术、信息技术以及信息产业的快速发展，读者到馆率逐年降低，图书借阅量不断减少。

（2）随着图书馆藏书空间不足且图书胀库现象越来越严重，目前通过不断地进行剔旧和倒库来缓解胀库的问题，但是治标不治本。只有通过建设新馆增加馆藏面积或扩大电子资源、数字资源在馆藏资源中的占比，减缓纸本书刊的增长速度等途径来解决胀库问题。

（3）学校为了保障部分重点学科教学科研的所需，满足学科内一部分教师和科研人员的需要，采购的外文数据库的购置经费占比较高且购置经费呈现逐年上涨的趋势，但外文数据库整体利用率并不高。

（4）资源获取效率不高。由于资源分布在不同的异构平台之中且有各自独立的搜索引擎系统，使得快速、精准、高效地获取所需资源变得困难。

（5）由于图书馆专业馆员紧缺，及时获取师生潜在的信息需求的渠道不够畅通，科研参与度低，无法为教学科研提供深度服务支持。

（6）主动服务意识不足。图书馆的服务工作一直以来是一种被动的服务方式，针对读者或教师主动提出的信息需求，图书馆馆员试图通过各种技术手段提供服务和帮助，但被动服务模式往往会失去很多潜在的图书馆的用户。

（7）新形势下，以往传统的简单化、大众化、同质化的服务已经无法满足新时代读者人性化、个性化、精细化、泛在化的信息服务需求。

（四）智慧图书馆产生的技术背景

从现代图书馆的发展历程来看，图书馆的每一次重大的转型发展都是在科技革命的推动下进行的。早期图书馆保存传播人类文化遗产为主要任务，图书馆工作也是围绕着"书刊典藏"而进行的服务管理模式。新中国成立之后，图书馆的发展大致经历了三个主要阶段。1976年，电子计算机在图书馆的应用标志着我国图书馆开始从传统图书馆向现代图书馆的转变，图书馆业务从原来主要是靠手工转向实现自动化。电子计算机的出现代替了人工检索的方式，实现了文献资料目录等信息的数字化储存，极大地提高了检索获取利用的速度，促进了信息的快速传播，缩短了信息迭代的生命周期。改革开放之后，图书馆事业进入了快速发展的新的时期。网络技术是实现图书馆向现代网络图书馆转型的重要技术背景，也是信息化的重要手段。

随着信息技术的发展，需要存储和传播的信息量越来越大，信息的种类和形式越来越丰富，人们获取信息的速度越来越快，传统图书馆的机制显然不能满足这些需要。图书馆的服务也随着时代变化而发生巨大的变化，读者对信息的需求和获取方式的变化朝着多样化、多元化发展。20世纪90年代末到21世纪初，新一代的OPAC（联机公共目录查询系统）系统出现，使资源可以跨馆进行查询。1998年，在科技部的支持和协调下，国家863计划智能计算机系统主题专家组设立了数字图书馆重点项目，即"中国数字图书馆示范工程"。该工程于1999年启动。数字图书馆是传统图书馆在信息时代的发展，其服务方式和服务内容都发生了巨大变化，也促使了图书馆进行业务流程的再造和部门职能的重组。从2012年开始，以RFID为代表的物联网技术开始在图书馆里进行推广，图书馆的形态开始向智能化的形态演变。近些年以物联网、人工智能、区块链、云计算、大数据等为核心的新一轮科技革命的到来，推动着图书馆从数字图书馆、复合图书馆向智慧图书馆转型，是智慧图书馆产生、发展的重要技术背景。但目前智慧图书馆一直处在边探索边总结的阶段，没有形成准确的、统一的定义。技术的发展促使图书馆在不断发生改变，智慧图书馆的发展，不是突然的形态变化，而是一个循序渐进的过程。

如今，社会已经进入了数字经济时代，数据的价值被人们重新认识并高度重视。大数据分析技术可以利用用户的使用数据，通过技术分析挖掘信息用户潜在的需求，为接下来的服务和管理工作提供重要的决策依据。物联网技术的出现，将网络延伸到物体之间，实现物与人、物与物、资源与环境的广泛互联。网络已不再仅限于人与人之间的互联和交流，世界上任何物体通过物联网技术手段都能实现人与物质世界的广泛且深度的互联互通。将物联网技术应用在图书馆中，使得图书馆建筑、设施、环境、资源和其他设备都成为网络中的一个节点，图书馆员可以通过智能设备随时随地连接上任何设备进行远程管理控制。读者可以在任何时间、任何地点使用网络设备从智慧图书馆获取自己需要的服务。新技术的应用使得图书馆的工作方法以及服务手段发生了根本性的变化，为智慧图书馆的发展提供了技术支撑。

图书馆业界和学界为什么对智慧图书馆的建设研究有如此浓厚的兴趣。笔者认为：一是由于图书馆所处的大环境，随着工业化进程和新一代信息技术的发展，特别是IBM公司提出"智慧地球"的建设概念之后，智慧城市、智慧社区、智慧校园的概念也相继被提出。智慧图书馆作为智慧校园建设的组成部分，是智慧地球建设的微观体现。二是在互联网技术和信息技术快速发展的当下，读者自身的信息素养不断地提高，获取信息资源的渠道途径越来越多，也越来越方便，从而导致图书馆读者流失现象严重。尽管，图书馆通过自我革命、不断创新，实现了从传统图书馆到数字图书馆的发展，然而新形势下图书馆依然无法满足读者对个性化、精细化、泛在化的信息服务的需要。创新是图书馆永恒的主题，图书馆需要的是革命性的变革。融合和重构现有的管理模式、服务模式和资源建设模式等，才能适应读者不断变化的新需求。纵观图书馆的发展史，信息技术的进步直接推动着图书馆的发展变革。从 MARC 数据的提出、局域网在图书馆的应用，到文献信息资源管理系统的产生，互联网的快速发展，以及物联网技术在图书馆的应用，每一次重大的变革都是与技术的发展密切关联。图书馆只有紧随信息技术发展的脚步，才不会没落和消亡。因此，智慧图书馆的提出是历史发展的必然趋势，也是图书馆发展到一定阶段的必然结果。

三、智慧图书馆的建设意义

智慧图书馆借助于现代信息技术手段构建智慧信息资源库、智慧化信息搜索引擎、智慧化信息服务系统等新型的信息服务模式，面对种类繁多且数量呈爆炸式增长的信息资源，应提升搜集、整理、利用、管理和保护信息资源等方面的效率，提高信息服务的个性化、便捷化、智能化的水平。

当前，我国高等教育事业已经进入由扩张式发展向内涵式发展的转型期，积极推进高校智慧图书馆建设，是符合高等教育信息化改革以及顺应信息时代社会发展的必然趋势。高校在充分利用物联网、云计算、区块链和大数据处理等新技术的同时，对现有的图书馆服务进行改革优化，建设一个高效、便捷、共享、智慧、绿色的智慧图书馆，以便提供更为智慧化的、人性化、紧密契合师生需求的信息服务。

（一）实现图书馆的科学管理

智慧图书馆可以实现图书馆的管理与服务工作更加科学、系统、高效，在一定程度上减少人力资源的投入，实现为读者提供更加便捷化、精细化、个性化的服务，提升读者的服务体验。利用物联网、云计算等平台收集图书馆的资源、业务、管理、运行和服务对象等数据，对收集的数据进行大数据统计分析；多维度掌握本馆资源的馆藏质量、使用状况和整体布局情况，实现资源建设的科学决策、科学采访，夯实文献资源建设。同时将分析数据应用于业务系统，利用数据驱动打造有价值的数据闭环，为图书馆管理者提供决策依据。科学管理是智慧图书馆的基础，在此之上智慧图书馆才能有效提升服务能力。

（二）提升图书馆的服务能力

构建智慧化信息服务体系，不断创新和改进图书馆的服务模式，优化现有服务模式中存在的弊病，为读者提供优质的信息服务。规范图书馆馆员的管理和服务行为，提高馆员信息服务的精准化，切实保证图书馆信息资源安全、提高图书馆服务的质量和效率。利用互联网、物联网、大数据等新信息技术手段，打造统一、开放、融合的新一代智慧图书馆服务平台，实现智慧化服务，为读者提供数字化、智能化、个性化的全方位服务，满足读者的多元化需求，提升图书馆的服务层次，增强图书馆的吸引力，提高读者的满意度。

（三）优化图书馆的馆藏结构

传统图书馆向智慧图书馆转型，不可能一蹴而就，而是需要经过一个循序渐进的过程。通过智慧图书馆的建设，实现纸质资源、电子资源、数字资源等资源的一体化管理，实现多种复合信息、资源管理系统的高度集成，通过分析为图书馆工作人员掌握本馆资源的实际情况，为图书馆的资源采购、合理配置、馆藏结构优化提供帮助。

（四）拓宽图书馆的服务范围

通过智慧图书馆的建设，充分利用新的信息技术手段，拓宽图书馆的信息服务范围。通过收集和分析读者的阅读习惯、需求和反馈，提供更精准的精细化、个性化服务。利用互联网、物联网和移动互联网，将图书馆的服务范围扩展到线上和线下，进一步拓展服务空间。除了传统的图书借阅服务，图书馆还可以提供多样化的阅读活动，吸引更多读者参与，进一步拓展服务类型。利用自助借还设备、智能咨询设备等智能化服务设备，提升服务效率，提高图书馆的智能化服务水平。利用互联网加强与其他图书馆、文化机构、科研机构等合作，共享资源、交流经验，进一步拓宽服务范围，为更多读者提供泛在、便捷、优质的服务。

第二节　智慧图书馆"智慧"的辨析

一、智慧图书馆的概念

数字化、网络化和智能化被公认为是未来社会发展的大趋势，因此智慧图书馆是图书馆发展的必然趋势和未来形态。2008 年 11 月，IBM 公司首席执行官彭明盛首次提出"智慧地球"新概念。他认为，智能技术正被应用到社会生活的各个方面，其实质是将区块链、物联网、大数据、云计算、人工智能等信息技术与城市有机融合，通过将感应器嵌入和装备到电网、供水、油气、铁路、桥梁、隧道、公路、建筑、物流、医疗等各种物体中，形成所谓"物联网"，利用超级计算机和云计算将"物联网"整合起来，实现人类社会与物理系统的融合。这种融合使人类可以更加精细、动态地管理生产和生活，从而达到"智慧"的状态。彭明盛提出的"智慧地球"的各种解决方案，包括智慧医疗、智慧电网、智慧物流、智慧城市、智慧企业等。"智慧图书馆"这一新兴概念伴随着智慧地球、智慧城市、智慧校园等概念应运而生。2003 年，芬兰学者 Aittola 提出了"Smart library"的概念。他认为，智慧图书馆就是基于位置感知的能够帮助用户查找所需文献的一种移动图书馆服务。此后，相关的研究形成了不少理论成果，涉及图书馆业务组织、服务供给和管理机制等诸多方面，对图书馆的发展产生了深远的影响。

与国外相比，国内对智慧图书馆研究起步相对较晚，早期关于智慧图书馆的研究论文大多是对智慧图书馆概念、特征等方面的论述，由于学者研究的侧重点不同，对智慧图书馆概念的认识也不尽相同。陈鸿鹄认为智能图书馆是把智能技术运用在图书馆建设之中，是智能建筑与高度自动化数字图书馆的有机结合和创新。严栋最先提出了智慧图书馆的定义，认为"智慧图书馆=图书馆+物联网+云计算+智能化设备"，是基于物联网来实现智慧化的管理和服务。董晓霞等认为，智慧图书馆是感知智慧化和数字图书馆服务智慧化的综合。李凯旋认为，"智慧图书馆=图书馆馆员+智能建筑+信息资源+智能化设备+云计算"，在智慧图书馆概念中增加了人文因素。刘丽斌认为，智慧图书馆由人、资源、空间 3 个要素构成，以技术为基础，以服务为灵魂，是以物联网为基础、向用户提供智慧化服务和管理的一种数字图书馆的高级发展形态。李显志等认为，智慧图书馆是技术、资源、服务、馆员和用户多层面有机结合的智慧协同体，馆员与用户的协同感知与创新是其未来的发展模式。初景利等提出，智慧图书馆是实现知识服务的图书馆发展的顶级形态。

国内研究者对智慧图书馆概念有不同的看法，关于智慧图书馆的概念至今仍没有形成一个统一的、完整意义的、放之四海而皆准的定义。目前学界、业界对智慧图书馆的认识都是基于经验，或者从某一个角度来认识。从位置感知、互联网应用、智能化建筑、自动化设备、物联网的应用以及最新信息技术的相互结合，形成了智慧图书馆的一种形态，实现了智慧化的服务和管理。普遍的观点认为，智慧图书馆是通过物联网、云计算、大数据、移动互联网等信息技术与图书馆的深度融合，实现对图书馆空间、资源、环境、设备、用户等信息的全面感知，并在对感知数据进行实时动态捕获和分析处理的基础上，实现智慧化的管理，为用户提供智慧化服务的一种图书馆新形态。智慧图书馆是传统图书馆与物联网、数字技术的融合，为读者和馆员带来全新的图书馆体验，包括在空间、资源、管理和服务上都体现出智慧化特征。

结合学者关于智慧图书馆的讨论，笔者认为智慧图书馆研究大致经历以下几个阶段。

第一阶段，认为智慧图书馆就是智能图书馆建筑与高度自动化数字图书馆的有机结合。智能化图书馆包括智能化场馆建设、应用楼宇广播系统、多媒体系统、空调系统、新风系统、智能照明系统、智能门禁系统等，以及自助借还设备、自助打印复印设备、自助上网设备、咨询服务机器人、自助查询系统和其他自助应用系统设备的投入使用。

第二阶段，认为智慧图书馆是感知智慧化和数字图书馆服务智慧化的综合。突出智慧图书馆的智能感知功能，智能感知包括对空间、环境的感知和对资源、服务的感知两个方面。对环境的智慧感知，如建筑环境的温度、湿度、照明、噪声、粉尘、新风、空调的智能感知和控制；对空间的智慧感知和管理，如实现座位预约、研讨间和学术报告厅预约和智能定位系统应用等；对资源的智慧感知，通过对读者的各种应用和访问数据进行分析和预判，提前预测读者的潜在的需求，并主动开展个性化服务；对服务的智慧感知，通过对各种管理大数据的挖掘和分析，挖掘出科学规律和分析出需要改进的问题，及时进行调整并实施科学化管理。

第三阶段，强调各种新兴技术、信息化技术在图书馆的广泛使用，在技术层面提高了图书馆的易用性，促进了图书馆的现代化。例如，5G、物联网、云计算、大数据、云桌面、虚拟现实技术、区块链、数字孪生、元宇宙技术等，用于构建虚实融合并实时互动的线上线下泛在化的图书馆。

第四阶段，现代新兴技术在图书馆的应用，丰富完善了图书馆发展的手段和方法。然而图书馆的核心价值是构建的人文价值和精神系统，其建设的核心应该首先明确图书馆发展的目的和方向。技术是方法和手段，人文精神是目的和方向，从技术理性回归人文精神，强调建设"技术"+"人文"和谐统一的图书馆，实现手段、方法与目的方向的保持一致，技术理性与价值理性的统一，突出人在智慧图书馆中的中心位置。采用各种信息技术创设馆员与读者，读者与读者之间无障碍互动交流的空间社区，促进知识的传播和隐性知识的转化，最终实现转智成慧。

二、智慧图书馆的"智慧"

2021年被称为"智慧图书馆元年"，这一年对智慧图书馆的研究热度达到了一个新的高度。关于智慧图书馆的学术讨论主要围绕着"智慧"二字，学者们理解的"智慧"的体现有所不同。可归纳为以下几种观点。

（一）智能化模式说

早期有人认为智慧图书馆就是智能化图书馆的一种形态，是将智能化技术应用在图书馆建筑之中的现代化图书馆，是将智能化建筑和自动化管理有机结合的数字图书馆的高级阶段。智能图书馆通过采用自动化的技术和智能化设施来提高图书馆的信息化、自动化和智能化的服务水平，主要是强调设备和技术的重要作用。这种观点的局限性在于模糊了智能图书馆与智慧图书馆的界限，没有搞清楚两种不同形态图书馆的根本区别，仅从技术维度指出图书馆智慧化的局部解决方案。

智慧图书馆就是指通过采用更多的智能化设施设备，提供更多的自助式服务模式，来提高图书馆的智能化水平，如采用咨询服务机器人、盘点机器人，利用RFID电子标签实现读者自助借还等。

智能图书馆与智慧图书馆虽然都属于技术型图书馆，但智慧图书馆侧重于通过新一代信息技术改变用户和图书馆信息资源交互的方式，从而实现智慧化服务和管理。这种观点总结和诠释了智能图书馆和智慧图书馆的主要区别，指出应从技术、管理、实践三个维度进行智慧图书馆的理论探索。

（二）智慧服务说

智慧图书馆的"智慧"主要体现在提供智慧化的服务，通过利用互联网、大数据、云计算等技术手段分析获取读者潜在的信息服务需求，即在读者还没有提出下一步的服务需求之前，实现主动推送有针对性、有价值的信息资源。同时，强调服务过程的精准、便捷、高效和个性化。

随着大数据技术的发展，我们可借助数据挖掘实现用户画像，从而深入了解用户需求。在此基础上，就能为用户提供个性化服务。而5G技术的快速发展，为泛在化的用户服务提供了支撑，有助于实现线上线下一体化的服务模式。智慧图书馆作为智慧体凭借其全面感知和思考的能力，能够对用户数据进行大数据分析和精准计算，深层挖掘和感知用户需求。基于此，我们可以将精准化服务、高效便捷服务、沉浸式用户体验服务融入个性化服务体系中。其中，精准化服务基于大数据分析，高效便捷服务依托智能化服务水平和网络技术，沉浸式用户体验服务运用智能化的 3D 或 VR 技术。通过将用户需求与图书馆资源相融合构建创新知识库，最终达到根据用户情境提供精准的个性化服务的目标。

（三）智慧人文说

智慧图书馆建设的重点在于人文精神塑造，其关注如何开发人的智慧。智慧图书馆的"智慧"体现在图书馆员与读者，读者与读者之间的思想交流碰撞，促进隐性知识的开发传播，实现转智成慧的作用过程。

智慧图书馆不仅仅是利用大数据、物联网、云计算等现代信息技术开展了泛在化、精细化、个性化的定制服务。智慧图书馆的建设重点在于隐性知识的开发利用，使得图书馆成为一个生长的有机体。

（四）融合协同说

智慧图书馆通过物联网、云计算、大数据、区块链等信息技术手段，构建技术、建筑、资源、服务、馆员和读者的智慧协同体。智慧图书馆的核心价值，在于解决资源、服务、技术和空间的融合，打通实体空间、网络空间、虚拟空间和数字空间之间的壁垒，使他们不再是相互孤立的存在，而是形成了一种类似于生物特性的协同有机体。

综上所述，智慧图书馆的内涵归根结底是通过物联网、云计算、大数据、人工智能等技术实现智慧化的服务和管理，构建面向用户的个性化、人性化、精准化和主动化服务体系的图书馆形态。建筑、设备和海量的元数据是智慧图书馆的物质基础，物联网、云计算、人工智能、通信技术等是智慧图书馆必需的技术条件，分析、判断、思考、创造等服务能力是智慧图书馆的核心功能。智慧图书馆是有感知的，这种感知是在互联互通的基础上对读者行为数据进行智慧化分析的预判和推断，进而为读者提供高效、精准的智慧化服务。

简单来说，智慧图书馆与以往不同时期图书馆形态的区别主要体现在"知识的精准获取""服务高效性"和"使用便利"。智慧图书馆借助人工智能、物联网实现智慧管理，借助智慧技术、智能化设备设施实现智慧服务，借助云计算、大数据等技术实现用户感知，分析用户偏好，精准预测用户需求，实现读者的智慧知识获取。

笔者认为，智慧图书馆是以数字图书馆为基础，通过物联网、大数据、云计算、人工智能、增强现实、区块链等多种智能技术，以及相关智能化设备对图书馆进行升级改造，为读者提供一个不受时空限制的，能够实现内容及环境感知（用户情景感知）并提供智能服务的信息空间，从而实现资源、技术、空间和服务深度融合，实现馆员、读者及资源等诸多要素之间紧密联系的智慧协同体。

三、智慧图书馆智慧性的体现

（一）空间智慧化

空间智慧化首先表现为馆舍建筑空间的智慧化。智慧图书馆需要感知环境、智慧调节、互联互通、综合管理，如智能灯光、智能温控、智能闸机等都是智慧图书馆空间智慧化的一种表现形式。通过空间再造、业务重组，智慧图书馆实现了自动化的调节，既拓展了功能空间，又打破了传统"藏借阅一体化"模式，向智慧空间转型。同时，智慧图书馆实现了从物理空间向物理和虚拟两个空间交织的复合型空间转变，数据实时共享和同步，进一步强化了空间的智慧化特征。

（二）资源智慧化

不同的资源满足不同用户的需求，具有不同的应用价值。资源智慧化是指图书馆将纸质资源、电子资源等数字资源进行关联和融合，建设图书馆的全媒体资源总库，形成知识网络并提供一体化的网络资源服务平台。智慧图书馆将图书馆所有的资源打通，对资源进行更详细的描述和更精细化的管理，实现资源的互联互通和高效获取。智慧的图书馆不再是一个独立的个体，而是网络上的一个节点，仅靠本馆采集收藏的资源无法满足所有用户的需求，必须通过建立合作馆藏和资源共享才能满足需求。资源智慧化也体现在图书馆与图书馆、其他社会机构之间加强共享与合作，实现资源的传递和共建共享。

（三）管理智慧化

管理智慧化是指对图书馆业务链上的所有业务实现智慧化的管理，如采访、编目、验收、典藏、流通、参考咨询等。智慧图书馆通过智慧管理系统平台，实现对资源、系统、服务、硬件设备的智慧化管理。管理智慧化还需要改变既有组织结构和人力资源管理的模式，强调以人为本的系统管理，把图书馆管理从科学管理迈向文化管理阶段。

（四）服务智慧化

服务智慧化关键在于如何采集用户的信息需求，分析读者的兴趣和偏好，运用互联网、物联网万物互联的特性，为读者提供实时的、泛在化、精准化、个性化的智慧服务，如提供基于实时位置的实景导航服务等。图书馆服务不单单表现为馆员提供知识、用户接受知识的简单供求关系。智慧图书馆阶段，图书馆员参与创造和分享知识，用户不再是传统意义上的被动接受服务的个体或组织，而是被重新定义的知识服务新角色。

四、智慧图书馆的本质

　　图书馆是一个生长着的有机体，其核心价值是始终满足用户的知识需求，提供个性化、泛在化的知识信息服务。一方面，随着科学技术迭代，图书馆服务必然实现高效化、便捷化升级。智慧图书馆时代与以往的传统图书馆、网络图书馆、智能图书馆、数字图书馆和复合图书馆有本质上不同，原因在于智慧图书馆是唯一以服务特征命名的图书馆，而传统图书馆、数字图书馆和复合图书馆均以资源特征命名。另一方面，以往的图书馆都是以强调收藏和围绕收藏来开展管理与服务工作，而智慧图书馆则是突出了"人"的中心性，强调以"人"为中心开展管理与服务工作。智慧图书馆必然要对图书馆的服务进行重塑和再造，智慧图书馆建设的关键在于能否以用户为导向，以智慧的方式设计图书馆的服务、业务和功能。

（一）智慧图书馆和数字图书馆

　　从历史发展的角度来看，图书馆从最初的原始卡片目录，重在藏书的传统图书馆发展为机读目录，以藏为主、藏用结合的自动化图书馆，再到以元数据为基础，以用为主、藏用并举的复合型图书馆，到后来逐渐发展成为以资源为基础、基于用户和集成服务的数字图书馆。而时至今日，随着物联网、云计算、大数据、人工智能技术的快速发展，智慧图书馆应运而生。

　　数字图书馆是以资源电子储存与自动检索为基础，利用计算机或终端设备来使用电子、数字文献资源的图书馆形态。资源数字化引发了图书馆全方位的深刻变革，数字图书馆范式彻底改变了传统图书馆的文化理念、组织管理和服务模式。数据化，是将纸质书刊等实物载体形式的信息资源通过编目分类，建立数据库，利用现代信息技术实现了对图书期刊资源的数字化、虚拟化，实现了深层次的信息揭示，如提供书名、作者、前言、目录甚至全文内容的检索，使得信息获取更加高效便捷。共享化，是将数据化的书刊信息发布在网上，方便更多的用户通过网络随时随地进行访问、浏览或下载。网络化，即图书馆的服务不仅突破了时空的限制，还可以通过网络向读者提供个性化的信息服务。

从信息服务的角度来看，数字图书馆与智慧图书馆相似。数字图书馆以数字化技术、数据库技术、多媒体技术等为基础实现了数字资源、虚拟空间等信息空间。在数字图书馆阶段，图书馆的主要特点呈现为资源丰富、获取方便、高度共享，而智慧图书馆阶段图书馆服务功能得到了进一步延伸和拓展。根据数字图书馆和智慧图书馆的特点及内涵，从数据采集方式、信息存储与处理方式、系统分层构架及终端应用方面进行对比分析。

1.数据采集方式

数字图书馆和智慧图书馆的数据采集方式在数据来源、采集方法上存在明显的不同。数字图书馆利用数字化编码技术对文献、书籍等实体资源进行数字化描述，是被动进行的。而智慧图书馆的数据采集方式则是在对互联网的数字编码感知的基础上，对感知对象进行主动的、智能的、深入详细的知识描述。此外，数字图书馆的采集对象通常是单一的、孤立的部分，而智慧图书馆的采集对象涉及更加全面。

2.信息存储与处理方式

数字图书馆和智慧图书馆在信息储存和处理方面存在一些差异，主要体现在技术手段和应用范围上。数字图书馆主要将纸质图书资源进行数字化处理并存储，通过数字编码技术将信息以二进制的形式进行数字化存储，提供基于数字技术的文献检索、知识服务等，但仍然是基于传统的分类、编目等方式进行组织和管理。智慧图书馆则借助物联网、云计算等信息技术手段，实现了更加智能化、自动化的信息储存和处理方式。智慧图书馆的信息储存不仅包括数字化信息，还包括各种物理信息的数字化描述和存储，这些信息可以通过智能识别技术进行自动分类、编目和索引。同时，智慧图书馆还能主动识别和判断用户需求，并为其提供针对性、个性化信息服务。

3.系统层次构架

数字图书馆和智慧图书馆在系统分层架构方面存在一些区别，主要体现在智慧图书馆增加了终端感知层，同时对数据层和应用层的功能进行了增强和扩展。这样的架构使得智慧图书馆能够更好地实现智能化、个性化和高效化的服务。数字图书馆中的系统架构通常包括物理层、网络层、数据层和应用层。其中，物理层是图书馆实体资源的数字化处理和存储层面以及包括物理设施设备等。网络层主要负责信息的传输，为读者提供数字化资源的访问和检索服务。数据层主要负责数字资源的存储和管理，包括各类数据库和管理系统。应用层主要是面向读者提供服务和各种应用系统，如资源服务、图书借还等。

相比之下，智慧图书馆的系统架构进行了拓展和优化。智慧图书馆系统架构中增加了终端感知层，即利用物联网、各种智能传感器等实时感知和识别环境、资源和读者等，并进行信息的收集、反馈、交流及接受应用程序的操作。同时，智慧图书馆在数据层中通过大数据分析、人工智能等智慧信息处理技术，对获取的海量数据进行处理、分析和挖掘，根据用户的需求和行为差异化的特征，为其提供更加精准、智能和个性化的服务。在应用层方面，智慧图书馆实现了深度互联，通过物联网技术实现图书、设施、人员的智能管理和定位。同时，通过各种智能化的应用系统来实现智慧化管理和服务，如提供各种自助式服务设备等，以提高读者的阅读体验和图书馆的管理效率。

4.终端应用方面

数字图书馆和智慧图书馆在终端应用方面上有区别，主要体现在终端设备的多样性、用户个性化服务以及信息交互方式等方面。数字图书馆在终端利用方面缺乏个性化服务能力，用户主要通过PC、平板电脑等传统的固定终端设备进行检索、查询和阅读，通过互联网访问数字图书馆的数字化资源。智慧图书馆更关注用户的需求和体验，通过利用先进的技术手段和智能终端设备，为用户提供更加便捷、高效和差异化的服务。智慧图书馆利用物联网、大数据和人工智能等技术，支持更多类型的终端设备访问，包括智能手机、平板电脑、自助终端等，这些设备不仅可以连接到互联网，还可以通过物联网技术实现与图书馆资源的智能化连接。智慧图书馆利用云计算、大数据等技术，将资源存储在云端，用户可以随时随地访问智慧图书馆的云端资源，不再受到空间限制的影响。

（二）智慧图书馆的特征

余丹认为，智慧图书馆具有全面感知、高效互联、绿色发展和智慧便捷等四个特点。这较好地概括了智慧图书馆的内在本质。谢芳认为，智慧图书馆的特征体现在"智慧"上，它最显著的特征是具备分析、判断、思考、创造的服务能力。智慧图书馆是图书馆系统对图书馆中的物质和人具有感知、记忆、理解、辨别、分析、判断和决策处理能力。王世伟将智慧图书馆的特征归纳为互联性、高效性、便利性。其中，互联性体现在图书馆的全面感知、立体互联和共享协同；高效性体现在图书馆的节能低碳、灵敏便捷和整合集群；便利性体现在图书馆的无线泛在特性、就近一体和个性互动等方面。

智慧图书馆具有泛在、互联、感知、高效、便利、智能、绿色的基本特点。智慧图书馆相较于传统图书馆，更加关注个性化需求，实现了泛在化、智能化的便捷服务。智慧图书馆在全面感知的基础上，借助现代信息技术及设备，以读者需求为导向主动为读者提供个性化、精准化及智能化的服务，同时结合情景的运用，可以为用户提供全方位的沉浸式学习体验。总而言之，智慧图书馆应满足广泛互联、全面感知、深度融合、开放泛在、绿色发展和智慧便捷（高效便捷）的建设要求。

1.广泛互联

广泛互联是实现智慧便捷服务的前提。广泛互联即是充分利用互联网、物联网等技术实现图书馆的建筑、空间、资源、设备设施、馆员和读者之间的互联互通，并整合各种资源和系统，使得一切资源、服务都可以实现管理和互动，达到人与人、物与物、人与物、人与空间、物与空间之间的互联互通。广泛互联是传统图书馆向智慧图书馆演进的重要目标，使过去相互独立、互不关联的资源、人员和服务等各类要素能够实现彼此连接，形成互动效应，创造出新的价值。

2.深度融合

智慧图书馆的"深度融合"是指大数据、物联网、移动互联网和云计算等新一代信息技术在图书馆管理和服务中的深度应用，其前提是实现广泛互联。深度融合需要实现实体空间、虚拟空间中各类资源的有机融合和线上线下的无缝对接，打通人、物、资源、设备和环境之间的壁垒，实现互联互通和实时数据共享，为读者提供一体化的应用体验。

3.全面感知

智慧图书馆的建设要综合利用各种感知手段，对各类馆藏资源、读者和馆员等人群、图书馆内外环境以及服务质量等进行全面感知，为智慧管理和智慧服务提供科学依据。智慧图书馆的感知要素，包括资源感知、人员感知、环境感知、服务质量感知等四个方面。智慧图书馆实现全面感知是在互联互通的基础上对读者行为数据智慧化分析的预判和推断，通过传感器等获取空间、环境、设备、人员的数据，实现统一集中管理，才能实现高效、精准、智慧的服务。全面感知可以通过采用RFID技术、无线定位技术、摄像头、温湿度传感器、空气噪声传感器，以及通过对读者行为大数据、环境大数据、管理大数据、馆员大数据、资源大数据等分析获取感知数据。

4.开放泛在

与传统图书馆相对封闭的运行模式不同，智慧图书馆强调"开放泛在"。开放泛在是指突破时空的限制，面向任何读者实现资源、服务的全方位、全天候的无处不在。"开放"不仅是指图书馆在更多的时间内向任何读者开放，也包括引入更多馆外资源服务读者。"泛在"是指图书馆不仅是指特定位置的物理场馆，还包括以移动图书馆、微信图书馆等多种渠道与读者相伴，做到无时不在、无处不在。

5.智慧便捷

智慧图书馆建设的最终目标是实现资源的统一、精细的管理和高效便利的获取，实现服务的主动、便利、精准、个性化和泛在化，体现出图书馆的管理、服务各方面工作的智慧化能力。

6.绿色发展

绿色发展不仅指节能环保，还包括通过智能设备减少纸张浪费、优化空间利用，更体现在可持续发展上。智慧图书馆建设同时带来的一个福利，就是实现精准化和精细化管理，实现对环境、资源的精准化和精细化利用，避免浪费，从而实现了绿色健康发展。

第三节 智慧图书馆的研究现状

一、理论构建研究

随着对智慧图书馆的概念认识的不断深入，其研究也开始从概念特征分析逐渐向建设路径和发展模式方面深入。严栋、王世伟等学者分析了智慧图书馆的产生背景。严栋、董晓霞、李显志等学者提出了智慧图书馆的概念。李显志等认为，智慧图书馆是集技术、资源、馆员、服务等不同要素的智慧协同体。韩丽、余丹、王世伟等学者分析了智慧图书馆的概念及特点。他们认为，智慧图书馆具有立体互联、全面感知、高效便利、绿色发展等特点。乌恩、姚军等学者提出了智慧图书馆的构成要素。乌恩提出，智慧化图书馆的构建可分为物质、技术和服务三个层面。姚军、郭达认为，智慧图书馆的要素主要包括图书管理、馆所安全、智能通道、节能减排、环境监测、金融和商业、紧急救助和云计算八个方面。殷剑冰分析了智慧图书馆的建设路径与发展模式，提出智慧图书馆人文化、互联化、生态化的发展趋势。赵晓芳提出，从多个维度构建智慧图书馆具体的服务路径。王静等从智能技术、智慧文化、智慧管理等方面探讨了面向多元服务的智慧图书馆协同治理机制。张沁兰等基于霍尔三维理论设计了包括时间、逻辑、业务等的智慧图书馆多维结构模型。周玲元等构建了智慧图书馆情境感知微型学习系统框架结构，具体包括智慧图书馆服务平台、情境数据获取层、情境数据分析层、情境感知服务推送层。马捷等提出，从智慧建筑、智慧管理、智慧服务等方面构建智慧图书馆功能结构的理论框架。杜亮等提出，智慧图书馆系统架构包含基础层、感知层、数据层、平台层、应用层、服务层六个逻辑层次。宋生艳等提出，智慧图书馆的建设要从宏观和微观两个层面进行，宏观角度主要围绕图书馆的顶底层设计、建设模式和构建体系，微观角度包括要素构成、技术应用和图书馆管理等方面。赖群、黄力、刘静春、董晓霞等学者探讨智慧图书馆构建过程中的关键问题。他们提出，必须制定相应的行业标准，完善相关的配套政策和实施规范。刘喜球等探讨可穿戴技术对读者的多功能导航、对弱势群体的帮助，以及对读者个性化知识服务等方面的作用。王海燕、谢蓉、刘炜等探讨了智慧图书馆的技术应用，提出了按照条码和RFID标签并存的方式建设智慧图书馆的方案。谢蓉、刘炜等着重探讨了SoLoMo应用在图书馆中的签到服务、阅读推广、本地化社区、作为空间的图书馆和智慧服务等。任萍萍提出，将5G技术应用于图书馆智慧服务平台的构建，构建"人-机-物-环境"的全智能互通互联系统，并创建场景化的多元业务空间，实现馆藏资源信息可视化等业务模式的转变。曾群等利用5G技术为智慧图书馆构建生态平台和生态系统，充分融合技术、人员、空间、资源等构建图书馆生态系统。

二、实践应用研究

智慧图书馆的实践研究集中在系统设计和信息技术应用上。谢蓉、刘炜从SoLoMo的角度对智慧图书馆进行了研究，具体的应用包括签到服务、阅读推广、本地化社区、作为空间的图书馆和智慧服务等。李丽宾提出，给图书馆设备嵌入传感器装置实时监测环境状况。陈宋敏等认为，可采用RFID、无线传感等技术对图书馆设备环境进行智能监控和感知。沈奎林、邵波结合南京大学智慧图书馆建设的实践提出，智慧图书馆建设要利用信息通信技术解决图书馆实际问题，构建便利的服务设施，整合各种网络资源、信息平台、应用内容。贾双双等认为，RFID可在图书自助借还、自动上架、智能盘点、智能安防等方面发挥重要作用。倪劼提出了一种以RFID为核心技术的智能图书盘点机器人来代替传统人工开展图书盘点工作。马捷等提出，高校智慧图书馆应利用Wi-Fi、移动网络、GPS等现代信息技术，通过设备或手机App为用户提供智慧化的馆内导航服务。黄悦深等提出，图书馆可利用Beacon技术实现导航服务。刘柏嵩等提出，机器人可以提供咨询、交流、借还书指引、扫码找书、导引等服务。王世伟提出，可以让机器人进行最后100米的定位服务，以解决超大型图书馆超大空间带来的难题。康存辉等提出，智能机器人可提供现场咨询或导读服务。秦鸿等提出，人脸识别技术可应用于图书馆的门禁、员工考勤、身份验证等方面。康晓丹分析介绍了上海大学图书馆从感知、计算和交互3个技术层次实现智慧图书馆的体系。杨新涯等开展了智慧图书馆全数据体系的研究。他们提出，智慧图书馆全数据体系包括文献元数据、文献内容数据化数据、全面信息管理系统的运行数据、读者行为数据、支持智慧图书馆系统的知识库以及零数据共六类。曹轶提出，可穿戴设备可帮助智慧图书馆的读者了解整个图书馆的布局。

　　智慧图书馆的研究主题从最初的集中在概念和特征的理论研究方向逐渐转向关于智慧管理、智慧服务的应用研究方面，研究主题逐渐丰富。关于智慧图书馆的智慧服务，包括精准推送服务、自助式服务、智能导航服务、移动泛在服务等。关于智慧化管理方面，特别关注智能技术辅助下的信息资源智慧化管理，如对信息资源进行基于元数据的整合，实现信息资源以篇、章为层级的精细化授权管理等。关于智慧化空间方面的研究，学者们关注如何利用物联网、云计算等技术来实现图书馆建筑、图书馆内部空间的智慧化以及图书馆系统平台的智慧化。因此，从研究主题上来看，智慧图书馆研究的主题范围不断地得到了拓展和延伸。

　　在智慧图书馆的建设环节，一些研究成果、理论和智能化技术被广泛应用到了实践之中，如在图书典藏方面应用RFID智能书库、盘点机器人，在流通环节采用自助借还设备、智能机器人等，在智能门禁中应用人脸识别等。在智慧空间管理上，如采用座位预约管理系统，研讨间管理系统等。在智慧建筑管理方面不仅采用了智能定位系统、智能广播系统、新风系统等，还通过传感器实现了智能照明、温湿度、空调的智慧化控制等。智慧化服务在图书馆中的应用与理论的联系最为紧密，实践最多则是基于管理服务的平台整合服务。在一个平台上提供学科服务、个人主页、个性化推荐、移动泛在服务、自助服务、智能咨询服务、智能导航导览服务和其他创新体验服务等。

国内学者对智慧图书馆的研究主题主要集中在智慧图书馆的概念与特征、系统框架、功能构成、智慧技术、平台开发、智慧管理、智慧服务、智慧空间、突出问题等方面，其中对智慧图书馆系统平台的开发和智慧图书馆的智慧服务关注较多。某些图书馆正在利用物联网、大数据、人工智能等技术实现图书的自动分拣、自动盘点等智慧化管理。同时，利用物联网、人工智能、机器人设备、语音识别、VR等技术进行智能咨询、智能导航导览等服务，利用数据挖掘、大数据分析等技术进行个性化信息推荐服务，但整体上智慧图书馆的实践相对滞后。

综上所述，"理论构建–实践探索–实证检验"是智慧图书馆建设的主要思路，我国学者对智慧图书馆的研究仍处于探索的进阶阶段，很多研究喜欢从理论或技术层面构建智慧图书馆系统模型，基于主观角度探讨智慧图书馆的概念、要素、技术、功能和服务。然而，很少有人从图书馆管理者的角度或用户角度来探讨智慧图书馆的建设。有关智慧图书馆的研究文献，有的采用定性研究方法，有的基于作者的主观逻辑分析，而采用定量分析方法的较少。有关智慧技术的研究，研究成果集中在新技术在图书馆的应用，较多从技术应用角度强调智能信息化功效，研究内容主要围绕智慧服务展开。研究的趋势大体上是从智慧图书馆概念与特征、构成要素分析、新技术应用、智慧管理与服务的模式构建开始，再到智慧图书馆整体建设框架系统。对智慧图书馆建设实际案例的探讨仍比较缺乏，今后的研究需要进一步加强理论研究，加强实践探索和实证研究。同时，有关智慧图书馆的研究几乎没有从用户需求层面分析智慧服务的理念及价值。因此，以点燃读者智慧为目标的智慧图书馆，尤其在技术理性至上的今天我们更有必要彰显智慧图书馆"转智成慧"的人文价值。未来的研究可以关注非技术层面的研究问题，如智慧图书馆中的知识产权保护、智慧图书馆评价指标体系、智慧馆员培养制度、数据保护制度建设等方面。

第四节　智慧图书馆的发展

一、智慧图书馆的发展方向

智慧图书馆朝着泛在化、开放式、高度互联、绿色生态的方向发展。

（一）泛在化

智慧图书馆的服务应该是无时无刻不在的。网络数字阅读和移动式服务，使得读者无论任何时间，身处任何地方，只要连上网络，就能获得智慧图书馆的服务。因此，泛在化的服务方式是全天候、不受时空限制的全方位服务。

（二）开放式

智慧图书馆利用大数据技术将资源变得更加开放，使智慧图书馆服务变得更加平等自由，体现人文精神。

（三）高度互联互通

智慧图书馆实现了图书馆与图书馆之间、图书馆与其他社会机构组织之间的深度互联互通、高度共享、合作和交流。智慧图书馆是作为智慧城市其中的一个节点，实现与其他组织机构深度合作、共建共享信息资源与服务。

（四）绿色生态

智慧图书馆的建设遵循绿色、低碳、环保的理念，从图书馆设计、建设、综合布线、装饰等建设施工的每一个环节都全面贯彻绿色环保的理念，将图书馆建设成为节能环保的建筑。智慧图书馆利用现代传感器等新技术，实现智慧图书馆建筑空间里的照明、温度、湿度、噪音、空气、水源等方面精准控制，实现节能减排和绿色环保，体现生态化的环保理念。

技术和人文的相互融合是智慧图书馆未来发展的正确方向。加快智慧图书馆建设，不断丰富服务内容、创新服务方式、提升服务水平，是增强图书馆活力、生命力和竞争力的重要路径。

二、智慧图书馆的智慧发展

理论研究应当瞄准智慧图书馆的建设前沿，解决智慧图书馆的基本命题、建设路径、发展方向等许多关键问题，为智慧图书馆建设提供技术支撑与理论指导。实践探索应当基于图书馆事业发展规律，科学应用新技术与新理论，大胆开拓与创新，合作共建，积累经验。

（一）智慧发展理论

智慧图书馆的智慧发展理论主要体现在对技术的应用、空间的拓展、服务的优化、管理的智慧化以及不断创新等方面。智慧发展理论在一定程度上继承了印度图书馆学家阮冈纳赞提出的图书馆学五定律。智慧图书馆可以被视为一个生长着的有机体，不仅在空间上不断扩展，而且在服务和管理上也持续优化和创新。它具有适应性、灵活性、动态交互性以及自我学习和自我优化的能力。

数字图书馆是智慧图书馆的物理和内容基础。智慧图书馆是在数字图书馆的基础上引入了物联网、云计算、智慧化设备等新技术设备，实现智慧化的服务和管理，提升图书馆的运营效率和服务质量，改造传统意义上的图书馆。智慧图书馆是一个不受空间限制的，可被全面感知的图书馆新形态。智慧图书馆的服务和管理不再局限于实体图书馆，还可以通过互联网和移动设备等提供更广泛的服务。智慧图书馆强化了对知识信息的深度理解和创新利用，提供人性化、个性化的服务，促进实现转智成慧。

（二）智慧技术理论

智慧图书馆的智慧技术理论在第四次产业革命的背景下得到了进一步的发展和应用，智慧图书馆通过引入物联网、云计算、大数据分析、人工智能、虚拟现实、增强现实等新兴技术，实现了对图书资源的智能化管理和服务，为读者提供更加人性化、个性化、便捷高效的阅读体验，提高了图书馆的管理效率和服务质量。在智慧图书馆的建设和发展过程中，各种先进技术的引入和应用从初始阶段到最终普及的过程类似于技术扩散理论中的创新、示范、推广和普及阶段。在智慧图书馆的技术扩散过程中，通过先行者示范和展示，向其他图书馆传递了智慧图书馆的理念和实践经验。随着示范点的成功应用和经验的积累，智慧技术开始被其他图书馆所接受和推广。随后，更多的图书馆开始引入和应用这些技术。最终，智慧图书馆的智慧技术逐渐普及开来，技术的应用范围更加广泛。智慧图书馆的技术扩散理论的意义在于，它帮助我们更好地理解智慧图书馆的发展过程和技术应用，指导我们如何有效地推广和应用新技术，提高图书馆的管理和服务水平。同时，也可以促进图书馆之间的交流和合作，推动图书馆行业的创新和发展。

（三）智慧系统理论

智慧系统理论是指智慧图书馆的建设和发展过程中，各个系统、模块和要素之间的相互关系和作用。智慧图书馆是一个复杂的大系统，包括许多子系统、模块和要素，如智慧技术、智慧馆员、智慧服务、智慧资源、智慧设施、智慧空间、智慧管理等。在智慧图书馆的智慧系统理论中，各个子系统、模块和要素之间相互作用、相互依赖，形成了一个有机的整体，其中智慧资源和智慧设施是智慧图书馆的物质基础，智慧空间是智慧图书馆资源和服务的载体。智慧技术是智慧图书馆的核心要素，如物联网、云计算、大数据分析、人工智能、虚拟现实等。智慧管理是智慧图书馆的支撑体系，图书馆的各个业务环节通过智慧化管理提高了图书馆的管理效率和服务质量。智慧服务是智慧图书馆的根本目的，通过智慧化服务为读者提供更加精细化、精准化和差异化的服务，进一步提升读者的满意度和服务体验。智慧馆员是智慧图书馆的重要组成部分，馆员利用智慧技术和知识为读者提供更加人性化、个性化的信息服务。智慧图书馆的智慧系统理论可以指导我们如何有效地设计和运行智慧图书馆的系统和模块，提高智慧图书馆建设、管理和服务水平。

（四）智慧文化理论

图书馆不仅是一个提供信息服务的机构，也是一个文化传承和创新的重要场所。传统图书馆文化是基于传统文化而形成的，以藏书文化和阅读文化为主体的文化。数字图书馆文化是建立在信息文化基础上以数字阅读与信息搜寻行为为主体的文化。智慧图书馆的智慧文化理论主要关注图书馆在信息时代和智慧时代如何塑造和发展一种全新的文化形态。在智慧图书馆的智慧文化理论中，文化的传承和创新是相辅相成的。一方面，智慧图书馆通过数字化、智能化等技术，将传统的文化资源转化为数字资源，方便读者进行查询和使用，同时也通过这些技术手段对传统文化进行保护和传承。另一方面，智慧图书馆通过各种智能化、个性化的服务，如个性化推荐、虚拟现实等，为读者提供更加高效便捷的信息服务和丰富立体的文化体验。同时，智慧图书馆尊重各种不同的文化和价值观，提供一个多元文化交流和共享的平台。

智慧图书馆的智慧文化是一种新文化，它是以数智技术为核心的图书馆文化，也是追求人与物、技术与人文和谐发展的图书馆文化。智慧图书馆的智慧文化理论可以帮助我们更好地理解智慧图书馆的文化内涵和发展方向，指导我们如何有效地塑造和发展智慧图书馆的文化形态。

（五）智慧转化理论

智慧图书馆的工作离不开数据、信息、知识、智慧四个关键词。传统图书馆被称为文献的中介机构，信息的桥梁纽带。传统图书馆只负责文献资料的保存和传递，较少地开展知识智慧转化的工作。智慧图书馆的智慧转化理论主要涉及对信息和知识的处理、分析和利用，将最低端的数据经过一系列转化，成为最高端的智慧。智慧图书馆将大量的图书资源转化为结构化或半结构化的信息，实现了信息的转化。将海量的图书资源通过数据挖掘、文本分析、可视化等技术转化为知识，形成具有逻辑性、系统性的知识体系，实现知识的转化。将图书馆的各类资源、服务、技术等要素进行整合、优化，实现跨时空的资源共享和利用，达到知识创新和增值的目的。智慧图书馆的服务对象是读者。

智慧图书馆通过人工智能等技术，深入了解读者的需求和行为习惯，提供更加精准化、个性化的智慧服务，将图书资源中的知识转化为读者的智慧，实现智慧转化。智慧图书馆通过智能化服务系统，将传统的被动式的借阅服务模式转化为多样化的主动式智慧服务模式，如个性化推荐、移动服务、在线智能咨询等，提高读者的阅读体验和服务质量。智慧图书馆通过智慧化管理系统，将传统的人工管理方式转化为智慧化的管理方式，提高管理效率和管理水平。智慧转化理论在智慧图书馆中的应用涵盖了知识、智慧、资源、服务和管理等方面。

三、智慧图书馆的发展机制

智慧图书馆的建设发展与"融合、感知、智慧"三个关键词密切相关，从融合的角度来看智慧图书馆的发展机制，应该包括理念与实践融合、管理与服务融合、实体与虚拟融合、科技与人文融合四个方面。

（一）理念与实践融合

新一代信息技术的兴起，智慧图书馆概念和智慧服务理念的提出，从不受时空限制、全面感知的移动服务角度切入，对智慧图书馆进行了初步的描述和实践探索。随着大数据、云计算、区块链、虚拟现实，特别是人工智能时代的来临，智慧图书馆的内涵不断丰富，智慧图书馆建设从初步探索到全面推进，相关的研究与实践进入了全新的阶段。

（二）管理与服务融合

传统图书馆重视资源的管理，如资源加工、存储和保存，忽视对资源的整理、挖掘和知识重构，以及开展以此为基础的服务。智慧图书馆秉承开放、共享理念，促进管理与服务融合，促进图书馆"以人为中心"的高质量服务。

（三）实体与虚拟融合

线上线下、虚拟与现实融合的知识服务体系，是图书馆数字化转型后产生的一种服务新业态。智慧图书馆结合了实体图书馆和数字图书馆的优势，形成以创新为导向、"人与技术"交互融合的新文化。在数字孪生、元宇宙等新技术加持下，逐渐形成实体图书馆、数字图书馆、虚拟图书馆交互融合的复合体。

（四）科技与人文融合

数字人文成为近几年的一个研究热点，开辟了图书馆新的研究领域。科学是求真，解决对客观世界及其规律的认识问题，人文是求善，解决精神世界的认识问题。真为善奠基，善为真导向，两者密不可分。新一代信息技术驱动图书馆向智慧化发展，经历前期技术积累后，其研究和应用必然会向着数字人文方向融合发展。技术和人文双驾马车齐头并进，才能真正体现出智慧图书馆是有智慧的、生命力的、活着的有机体。

智慧图书馆的本质追求之一是数字惠民，在实现数字惠民过程中逐渐朝着人性化和智能型等创新型现代智慧图书馆服务模式转变。创新型服务模式和传统信息传播模式不同，呈现出多元化的特点，即利用云计算、物联网、智能机器人、虚拟技术等智能技术来优化图书馆用户体验。由于现代信息设备的引入，促使读者和智能系统沟通交流并获取所需信息，从而实现信息服务的互动化、实时化和自动化。智慧图书馆建设，既要关注技术属性和创新特质，也要关注功能属性和人文关怀。智慧馆员应该具有较高的信息素养，具有信息收集、分析、判断、鉴别的能力，除此之外，还要具有大数据分析能力、数据挖掘能力等新兴科技手段，同时还要具有相关法律知识和意识。在知识产品保护、用户隐私保护方面，培训智慧馆员是智慧图书馆的现代性发展需求，也是提高智慧图书馆专业水平的重要举措。此外，智慧城市背景下的区域联盟图书馆建设也是未来智慧图书馆的研究方向，智慧图书馆将迎来区域集群式信息服务协同体系与智慧城市深度融合。

四、智慧图书馆空间服务的发展

（一）实体阅读空间的建设

1.空间环境与氛围的营造

在实体阅读空间的布局、家具、装饰、色彩、采光和照明等环境设计上应结合环境心理学、读者心理学等学科理论进行科学规划。自然光能增强读者的体验感，冷暖空调系统为读者营造更舒适的阅读环境。从布局、陈设、灯光和温湿度等方面增强阅读氛围的营造，并搭配凸显阅读主题的体验与活动。

2.空间设施与科技的支撑

现代化的设施和科技有助于激发读者的学习兴趣，增强读者的信息获取需求和提高读者获取知识的效率，如智能门禁、人脸识别、指纹识别、智能导航、自助借还和智能检索等。同时，增强现实AR、虚拟现实VR和混合现实MR等技术的运用让内部空间更具多元化和科技感。科技使传统阅读空间得到全面升级和重构，为读者创造了个性化、多元化、趣味化的阅读场景，提高了阅读空间的智慧化服务水平和服务效能，使知识获取更轻松、精准、高效和便利。

（二）虚拟阅读空间的打造

1.利用新科技赋能,提升虚拟空间的阅读体验

利用5G技术、大数据、物联网、区块链、增强现实等新技术赋能虚拟阅读空间的建设,不断优化虚拟阅读空间的服务内容,不断提升虚拟阅读空间的数字化服务能力和智慧化服务水平。利用5G、VR、AR、MR等技术,打造沉浸式的阅读场景,通过环境营造、情景带入、场景互动来激发公众的阅读兴趣。通过虚拟现实技术将传统的纸本图书刊物(如古诗词、历史故事、绘本、漫画等图书资料),配以背景、音乐、音效、动漫等素材,结合可穿戴设备呈现生动立体的3D全景场景。在科技的驱动下,虚拟阅读空间服务的内容和模式得以创新、优化和完善,实现虚拟阅读空间高质量建设发展。

2.构建全息空间,打造虚拟阅读服务的元宇宙

数字孪生技术是基于建模仿真和传感技术而逐渐兴起的,通过对实体阅读空间的全方位、全要素、全过程的数字化表示,在虚拟空间中构建与物理实体空间完全映射仿真的空间数字孪生体。通过多种识别与感知设备,实时自动采集、传输实体阅读空间的各种运行数据并自动上传至虚拟阅读空间,实现人、机、物、环境的双向实时映射和智能交互融合。空间数字孪生体为读者营造完全沉浸式的学习情境,实现全方位、可视化、精准化、立体互动式获取知识,推动实体阅读空间和虚拟阅读空间由相互独立走向互动融合。数字孪生是现实世界物理元素真实的投影,而元宇宙则是对现实世界的一对多的投影。学界普遍认为元宇宙是互联网发展的终极形态,元宇宙是在多种核心网络数字技术的基础上,构建与现实世界一一映射、密切融合又相对独立的复杂的虚拟社会系统。元宇宙的出现为图情领域的创新服务和未来发展提供了新的思路和动力。利用元宇宙构建"超现实的虚拟阅读空间",包含资源、环境、道具、技术、真人和虚拟人物等多种要素。

在元宇宙中，读者可以根据个人不同的学习目标和任务创建一个或多个虚拟身份和不同的学习情境，可以随时进行探索和协同学习、共享成果和过程，形成一种智慧的多元的学习环境。元宇宙中全方位的多感官全息感知主动获取、精准定位不同个体的需求，将带给读者前所未有的全新体验。

第五节　智慧图书馆视域下的红色文化传播

习近平总书记指出，"要把红色资源利用好、把红色传统发扬好、把红色基因传承好"。红色文献承载着丰富的精神内涵、深厚的文化底蕴和重要的教育价值，其蕴含的民族精神、革命精神、爱国精神和改革创新精神，能够对大学生的思想观念、价值观念和理想信念等产生重要影响。

高校图书馆肩负着传播红色文献，传承和弘扬红色文化的责任和使命。新发展阶段，智慧图书馆应充分发挥自身优势，利用新技术、新手段、新设备，从加强资源建设、创新服务形式等方面着手，做好红色文化资源建设和红色文化的系统传播。

一、加强红色资源建设

智慧图书馆的建设能够有效推动红色文化资源智慧化建设与发展。首先，梳理馆藏纸质文献和电子文献中的所有红色主题的文献资料，利用大数据等技术实现对数字化资源的自动化、智能化采集。通过新技术手段对馆藏红色文献进行二次加工与整合，兼顾纸质资源和数字资源的同步管理与利用。在此基础上建设红色文化专题资源库，助力红色文化传播。其次，利用数字孪生、数字建模、增强现实等最新智慧化技术制作红色文化资源中遗迹遗址、革命文物、纪念场馆实物资料的数字拷贝，实现革命文物虚拟化、数字化，创新红色资源的保存和展示方式。最后，充分利用红色文献服务过程中产生的历史数据进行科学分析，及时调整红色文献资源的数量和结构，增加热门类的采访和入藏，增强用户黏度。此外，将高校发展沿革、办学治校的红色文化、优良传统、艰苦奋斗精神等升华拓展转化为育人元素和思想政治教育的红色资源。数字文献、数字孪生文献、手稿、图片、音视频、动漫、红色文献副本等多种载体形态的红色文献资料可以进一步丰富红色资源的收藏品类和数量，满足不同类型读者的不同需求。

二、营造红色阅读空间

智慧图书馆能够推动将传统的图书馆空间转变为高度智慧化空间，带给读者个性化、智慧化的不同体验。智慧图书馆采用先进的智慧化技术构建生动、直观的实体学习空间与虚拟现实空间，直观地展示红色资源，能够让枯燥、晦涩的文献变得新颖、生动和有趣。

开辟专门的红色文化实体空间，根据馆内空间结构合理规划主题空间，多点布局红色教育专区，形成了串点成线、连线扩面的红色教育空间布局。同时，设置集展览展示、研讨交流和休闲空间等多功能于一体的功能空间，开展读书会、小型研讨会和访谈活动，在春风化雨、润物无声的红色文化氛围中格物致知、存心养性，实现培根铸魂的教育效果。

在明确红色主题的前提下，充分利用各种先进技术、设备，以投影仪、液晶电视、触摸屏等方式播放红色纪录片、电影、电视以及图文内容等，生动直观展示红色文化。充分运用虚拟现实技术，借助 AR 设备、VR 技术、3D 投影、人工智能等技术与设备以全新的方式呈现红色历史和传播红色文化，让读者置身于特定历史的虚拟场景中，强化互动交流和反馈，促进红色文化的传播。

利用智慧图书馆的智慧化技术优势，开展系列红色教育活动，如开设"场馆里的思政课"，把红色文化资源转化为思政课程和课程思政的"活教材"，推动新时代"大思政课"建设。同时，不断丰富形式、创新载体，构建"纸上+网上+端上+屏上+云上"多渠道数字阅读机制，从不同角度满足师生的红色文化教育需求。使智慧图书馆既成为红色教育的场所或爱国主义教育的基地，又成为开展现场教学的"第二课堂"，促进图书馆"场馆育人"职能的充分发挥。

三、创新红色文献服务形式

1.利用科技赋能，坚持创新发展

智慧图书馆应充分利用最新科技手段如 AR、VR、MR 等技术营造虚拟仿真场景，打造沉浸式的阅读体验，实现政治性、思想性、艺术性和趣味性的结合。针对有的红色文献存在晦涩难懂的问题，对红色文献进行二次加工，通过科普讲座、游戏动画等形式将复杂的红色文献简单化，将枯燥的文字有趣化，同时不断创新载体、丰富内涵，综合运用声、光、电等现代科技手段，力求思想性、艺术性和欣赏性有机统一。

2.掌握读者需求，实施精准服务

只有准确了解和把握读者的实际需求，有针对性地为他们提供最合适的服务，才能确保读者的需求得到充分满足。智慧图书馆基于读者的实际需求进一步提升服务的精准性，面向不同读者采取不同的红色文化传播策略与模式，助力红色文化的高质量传播。智慧图书馆借助数据挖掘等先进的信息技术手段针对读者的潜在需求进行综合分析与科学判断，按照读者的身份、年龄、专业、借阅历史、访问日志、网络使用痕迹等数据信息，甄别读者的阅读偏好等。智慧图书馆应根据不同类型、年龄、专业背景的读者群体的需求，针对资源的时间、范围、类型、特征进行细化分类标引，实现红色文献资源的精准匹配和主动推送。以读者需求为驱动，针对性地开展红色专题文献资源的建设研究，实现满足读者的差异化、个性化的红色文献信息服务需求，提升读者体验并进一步助力红色文化的有效传播。

　　智慧图书馆在红色文化传播中发挥的作用不容忽视。红色文化传播视角下的智慧图书馆建设，其"智慧"在于新技术、新手段、新设备的使用，服务形式的创新，服务效果的精准。其通过丰富主题、创新载体，开展形式多样的红色文化活动，满足个性化的红色教育需求。智慧图书馆通过延伸教育载体、丰富教育内容、扩大教育覆盖面，拓展红色教育功能，促进红色基因的传承，从而培养出更多让党放心、爱国奉献、担当民族复兴重任的时代新人。

第三章 物联网技术及应用

物联网将现实世界的各种物体与数字世界进行互联互通，使真实空间与虚拟空间有效整合。物联网技术是图书馆实现智能化管理、自助化服务、智能化导航、数据化决策以及安全管理的关键技术，拓展读者学习空间，提供泛在化服务。物联网技术在智慧图书馆中的应用不仅提高了图书馆的管理效率和服务质量，还为读者提供了更为便捷、个性化的服务。因此，物联网技术为图书馆的管理和服务带来了颠覆性的变革。

第一节 物联网概述

物联网是信息科技产业的第三次革命。将物联网技术应用在智慧图书馆建设中，实现了智能化管理和控制，是促进传统图书馆向智慧图书馆转型的关键。

一、物联网的概念

物联网（Internet of Things，简称 IoT）是指通过信息传感设备、射频识别技术、全球定位系统、红外感应器、激光扫描器等装置与技术，实时采集任何需要监控、跟踪、识别、定位、连接、互动的物体或过程，采集其声、光、热、电、力学、化学、生物、位置等信息，通过多种网络接入实现人、资源、设备的泛在化互联互通，实现各种物体之间的智能交互和信息共享，实现对物体和过程的智能化感知、识别和管理。物联网是一个基于互联网、传统电信网等的信息承载体，是互联网技术的延伸和扩展，其将网络从人与人之间的交流扩展到了人与物、物与物之间的交流。它让所有能够被独立寻址的普通物理对象形成互联互通的网络。

物联网技术（IoT Technology）则是实现物联网概念和功能的一系列技术的总称，包括各种硬件和软件技术，如嵌入式系统、传感器技术、网络通信技术、云计算技术、大数据处理技术、数据挖掘技术、人工智能技术等。传感器技术用于感知物体或环境的状态信息，如温度、湿度、光照、压力等；网络通信技术用于将传感器获得的信息传输到云端或本地服务器；云计算技术用于存储、处理、分析海量的数据，并提供可靠和高效的服务；人工智能技术则可以利用数据和算法训练模型，使得物联网系统能够自主学习、做出决策并优化自身的行为，以实现更高级别的智能化。

二、物联网的发展

20世纪90年代，美国科学家 Kevin Ashton 为了解决物资和信息的匹配问题，而提出了"物联网"的概念。随着技术的不断进步，物联网已经得到了广泛的应用。2005年，在突尼斯举行的信息社会世界峰会上，国际电信联盟（ITU）在《国际电联互联网报告2005：物联网》中指出，无处不在的"物联网"通信时代即将到来，射频识别技术、传感器技术、纳米技术、智能嵌入式技术等将得到更广泛的应用。2008年，IBM提出"智慧地球"概念，包含三个要素：物联化、互联化、智能化。这个概念的提出，将"智慧"理念植入基础设施建设中，有效拉动了经济、促进了就业。2009年，欧盟委员会提出《物联网行动计划》，明确表示将在技术层面提供大量资金支持，在政府管理层面，将提出网络监管计划与现有法规兼容。这个计划的实施，标志着物联网进入新的发展阶段。在国内，中国科学院、中国移动通信集团公司等国内主要传感器网络技术研究和应用单位也积极参与物联网技术的研究和应用实践，推动了物联网的快速发展。随着时间的推移，物联网已经渗透到各个领域，如智能物流、智能医疗、智能交通、智能家居、智能工业、智能农业等，成为新一代信息技术的重要组成部分。

自20世纪90年代提出物联网概念后，其发展大致可以分为三个阶段。第一阶段是1999年到2008年。这一阶段的研究和实践主要集中在RFID和无线传感器网络等物联网相关技术上。在这个时期，RFID技术开始被应用在身份识别、物品追踪等领域，而无线传感器网络则被应用在环境监测、工业过程控制等领域。第二阶段是2009年到2016年。这个阶段物联网技术开始得到全球范围内的广泛关注和实践。在这个时期，物联网技术开始被应用于智能家居、智能交通、智能医疗等领域。同时，随着云计算技术的发展，物联网也开始与云计算结合，形成了"云物联网"的架构。第三阶段是2017年至今。这个阶段物联网开始进入大规模普及和应用阶段。在这个时期，物联网技术开始被广泛应用于工业、农业、城市管理等领域，同时也出现了大量的物联网创新创业公司。

物联网是继计算机、互联网和移动互联网之后的信息科技产业的第三次革命。传感器技术、RFID标签系统和嵌入式系统技术是物联网的部分关键技术和领域。作为一种新兴的信息技术，物联网技术开始被应用在智慧图书馆领域，未来也将会与其他技术如人工智能、区块链等结合，形成更加智能、高效的应用场景。

物联网有两个关键点，一是通过设备、线路和网络协议实现物与物、物与人的连接。二是通过互联网络实现对物品进行管理，获取交换物品的各种信息。物联网在智慧图书馆的应用，就是利用射频识别装置、红外感应器、无线定位系统、激光扫描器等感知设备，实现对图书馆的纸本资源、数字资源、设备设施和读者等信息的全面感知、采集、加工和发布等。

三、物联网的基本特征

从通信对象和通信过程来看，人与物、物与物之间的信息交互是物联网的核心。物联网具有三大核心特征：整体感知、可靠传输和智能处理。整体感知：物联网通过利用射频识别、二维码、定位系统、各种智能传感器等感知设备来获取物体的各类信息；可靠传输：通过互联网及其他无线网络，将物体的信息实时、准确、快速、安全地进行传送，最终实现信息收集、交流与分享；智能处理：是物联网最基本和最强大的特征，物联网使用各种智能技术、协议，对感知和传送的数据信息进行自主处理，实现监测、获取、控制信息的智能化。

结合信息科学的观点，物联网的信息功能包括：获取信息、传送信息、处理信息、施效信息。获取信息主要指信息的感知、识别，信息的感知是指对事物属性状态及其变化方式的获取和知觉，信息的识别是指把获取或感受到的事物状态用一定方式表示出来；传送信息主要是信息发送、传输、接收等环节，实现把获取的事物状态信息及其变化的方式从时间（或空间）上的一点传送到另一点；处理信息是指信息的加工过程，利用已有的信息或感知的信息产生新的信息，实际是制定决策的过程；施效信息指信息最终发挥效用的过程，如通过调节对象事物的状态及其变换方式使目标对象始终处于预先设计的状态。

四、物联网的体系结构

物联网的体系结构主要包括：感知层（感知控制层）、网络层（网络传输层）和应用层。

（一）感知层

感知层是物联网架构中最基础的一层，其通过各类信息采集设备和关键技术实现对外界物体的感知和识别，解决了人类世界和物理世界的数据获取问题。物联网的感知层设备种类众多，但一般可分为两类：一类是自动感知设备，能够自动感知外部的物理信息，包括 RFID 标签和读写器、传感器、摄像头、GPS/北斗定位系统等；另一类是交互终端设备，包括智能手机、平板电脑、计算机等。传感器是物联网中获得信息的主要设备，将被测量目标转换为电信号进行处理和响应，常见的传感器包括温度、湿度、压力、图像、位置、光电等智能传感器等。

（二）网络层

网络层又被称为传输层，是物联网架构中的中间层，是连接感知层和应用层的纽带，其功能是传递和处理感知层获取的信息，将感知层获取的数据通过各种通信协议安全传输到应用层。网络层又可细分为三层，分别是接入层、汇聚层和核心交换层。接入层相当于计算机网络的物理层和数据链路层，由感知层的 RFID 标签、传感器等与接入层设备构成了物联网感知网络的基本单元。汇聚层位于接入层和核心交换层之间，主要任务是对接入层和感知层的数据进行路由、过滤、分组、聚合、转换等操作。核心交换层为物联网提供高速、安全、可靠的数据传输。

（三）应用层

应用层是物联网架构中的最顶层，其负责信息处理、数据管理和行业应用。应用层可细分为管理服务层和应用服务层。管理服务层通过中间件软件实现感知硬件和应用软件之间的物理隔离和无缝连接，提供海量数据的高效汇聚和存储，通过数据计算、知识挖掘、智能分析处理等为应用服务层提供安全的网络管理和智能服务。应用服务层可为不同行业提供物联网服务，如智能交通、智能教育、智能安防、智能医疗、智能家居、智能物流等。在感知层中，各种传感器进行数据收集，然后通过网络传输层将收集的数据传输到数据中心进行处理，最后在应用层中，通过对数据的分析处理，实现自动化操控等功能。通过收集这些细微的数据，可以聚集成大数据，并应用于诸如重新设计道路以减少车祸、都市更新、灾害预测与犯罪防治、流行病控制等社会的重大改变。通过上述三层架构的协同运作，物联网最终实现物和物相联。

物联网技术正在不断发展，为人们的生活和工作带来了许多创新和便利。物联网技术可以实现物体之间的信息交流和协同工作，提高设备的效率和生产力，改善人们的生活质量。在应用方面，物联网技术被广泛应用于工业自动化、能源电力、物流零售、智能家居、智能交通、智能医疗、智慧城市、智慧农业等多个领域。例如，在智能家居领域，物联网技术可以通过智能传感器、智能家电等设备实现家庭环境的智能控制和优化。在智能交通领域，物联网技术可以通过智能交通信号灯、智能车辆等设备实现交通流量的优化和交通安全的提高。在智能医疗领域，物联网技术可以通过远程监控、智能医疗器械等设备实现医疗数据的实时采集和处理，提高医疗服务的效率和质量。通过物联网技术，我们可以更加方便地控制和管理各种设备和系统，提高效率、节能环保、降低成本、改善生活质量。总的来说，物联网是一个包含众多技术的领域，其应用和发展正在不断地改变我们的生活和工作方式。同时，物联网技术也面临着一些挑战，如安全性、隐私保护、标准化等问题。未来随着技术的不断发展和进步，相信物联网技术将会在更多领域得到应用，同时也将会与5G-A等新技术结合，推动社会智能化、网络化、信息化的发展。

第二节　RFID技术及应用

一、RFID技术概述

RFID（Radio Frequency Identification），即无线射频识别技术，是物联网的核心技术。它是在20世纪50年代诞生的一种无线识别技术。RFID技术是一种利用射频信号通过空间耦合实现与目标（电子标签或射频卡）的无接触式双向信息交换，并达到自动识别身份的技术。无线射频识别技术与目标之间无需建立机械或光学接触，即可实现高速的数据采集、信息交换和存储，通过电磁波实现电子标签的读写与通信。利用这种特性，可以实现对高速运动过程中的多个特定目标同时识别，进行穿透性和无屏障阅读，实现远距离非触控性的自动感知以及具有加密的存储能力。

1940年，RFID无线射频识别技术被首次应用于军队和一些对识别系统有特殊要求的组织。RFID系统一般由电子标签、读写器、天线和应用软件组成。电子标签又称为射频标签、应答器等，类似于条码系统中的条码，其内部集成了一个可以擦写的芯片，用于存储信息。电子标签分为有源和无源两种，有源电子标签带有电池，与无源电子标签相比，可读的距离较远。读写器，又称为阅读器、扫描器、通讯器等，是用来读取电子标签中的数据并上传到应用软件系统中，同时也可以往电子标签中写入数据。天线一般连接在读写器上，用于接收、发送电磁波。应用软件是基于 PC 或 PLC（可编程逻辑控制器）的软件系统，用来处理读写器发送来的数据。

RFID 技术的特点是扫描快、体积小、形状多样化、记忆容量大、可重复使用、较强的抗污染能力、耐久性和安全性，因穿透性强而能实现无屏障阅读，因而被广泛运用于各个领域，如物流管理、门禁管理、停车场管理、自动化生产线等，同样应用在智慧图书馆。

RFID 技术工作原理和过程概述，如图 3-1 所示，即利用射频信号和空间耦合传输特性实现对被识别物体的自动识别，射频标签与读写器之间通过耦合元件实现射频信号的空间（非接触）耦合；在耦合通道内，根据时序关系，实现能量的传递和数据的交换；利用射频信号及其电磁感应、空间耦合特性，实现对静止或移动中的待识别目标对象的自动机器识别。

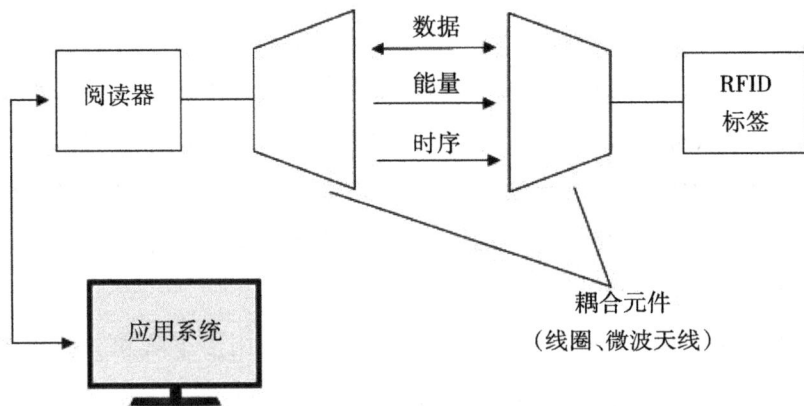

图 3-1　RFID 系统原理

二、RFID技术分类

（一）按照应用频率分类

RFID技术按照应用频率的不同可分为低频、高频、超高频和微波RFID等。

1.低频RFID

低频RFID工作频率通常为125KHz或135KHz，其波长约为2500m，读取距离小于10cm。低频RFID能产生相对均匀的读写范围，其优势之一是抗干扰能力较强，能够在高电磁干扰环境下稳定运行，但相较于其他频率的RFID产品，低频的数据传输速率较慢且成本较高。低频RFID适用于畜牧管理、动物标识等。

2.高频RFID

高频RFID工作频率通常为13.56MHz，其波长约为22m，读取距离小于1m。高频RFID能产生相对均匀的读写范围，具有较快的读取速度和较长的读取距离，可以同时识别多个标签，价格比低频的便宜。高频RFID适用于物流、门禁、支付、智能卡、身份认证等领域。

3.超高频RFID

超高频RFID工作频率通常为860MHz和960MHz之间，其波长约为30cm，读取距离较远，一般是3～5m，最远可以达到20m。超高频具有读取距离远、读取速度快的优势，在短时间内能够读取大量的电子标签，适用于物流、库存、商场、航空行李、车辆管理等场景。

4.微波RFID

微波RFID主要分为无源标签和有源标签两类。微波无源标签的工作频率在902MHz和928MHz之间，微波有源标签的工作频率在2.45GHz和5.8GHz之间。微波RFID具有发射功耗低、通讯距离长、传输数据量大，可靠性高和兼容性好等特点。微波 RFID 读取速度非常快，通常用于远距离识别和对快速移动物体的识别，能够在高速运动的场景下实时进行标签的读取和写入。微波 RFID 常用于物流领域、智能交通、车辆管理、铁路运输识别和管理、高速公路收费、港口货运管理等场景。

由于低频 RFID 电子标签数据传输速率低，数据传输速度较慢，读取的距离短，只适合在较短时间内一对一的读取电子标签，因而适合应用在低速、近距离识别的场景。低频 RFID 电子标签存储数据量较少，且安全保密性差，容易被破解。同时，与超高频电子标签相比，低频电子标签天线匝数更多，成本更高一些。高频 RFID 电子标签比超高频 RFID 电子标签便宜、节能、穿透非金属物体能力强，工作频率不受无线电频率管制约束。超高频 RFID 电子标签数据传输速度快、灵活性强、容易被识别且具有防冲突机制，单次可批量读取多个电子标签，适合于在短时间内读取大量的电子标签。超高频 RFID 电子标签数据保存时间长达 10 年，并具有全球唯一的 ID 号，安全保密性强，不易被破解，但超高频 RFID 电子标签比较耗能、穿透力较弱。

RFID 电子标签根据感应方式或根据其是否有电池供电可分为：无源标签、半无源标签及有源标签三种。无源标签只有在 RFID 读写器的读取范围之内时，才能从 RFID 读写器发出的射频能量中获取其工作所需的电能；半有源标签未进入工作状态前，一直处于休眠状态，但在进入工作状态后，能从 RFID 读写器发出的射频能量中获取电能；有源标签内部含有电池，其工作电源完全由内部电池供给。

（二）按照功能应用分类

RFID 技术按照功能不同可分为以下四种类型。

1.电子监视

电子监视技术（Electronic Article Surveillance，EAS）是一种利用

RFID电子标签在非接触情况下获取目标信息，控制物品出入的技术。电子监视典型应用于安防监控领域，如购物中心、图书馆、数据中心、安全部门等场所，EAS技术的应用可以有效防止物品被盗。当粘贴有RFID电子标签的图书等物品经过正常的外借办理流程后，专用读写器装置会改写RFID电子标签的安全标记信息状态。但是，当安全门禁设备检测到RFID电子标签的安全标记信息状态未被改写时，安全门禁检测设备则会发出声光等报警信息。

2. 数据采集

使用RFID工作的便携式数据采集系统，又被称为手持式数据采集器、盘点机等，是将RFID与数据终端一体化，带有电池可离线操作的无线便携终端电脑设备。RFID便携式数据采集系统具有实时采集、即时显示、即时反馈、即时传输、自动存储等功能。同时，它具有体积小、重量轻、性能高等特性，便于手持携带。便携式数据采集系统借助RFID读写器具有对目标货物批量读取、穿透识别等特点，具有数据存储、数据处理等功能。在无线网络环境中，配合后台的管理系统，利用便携式RFID读写器进行货物数据采集，可以通过无线网络上传至后台数据库，并与后台数据库中的信息进行比对，生成差异信息实时地显示在便携式RFID读写器上，完成盘点工作。便携式数据采集系统在图书馆中用于图书查找、顺架、排架、盘点等工作，极大地提高了图书数据采集的速度，缩短了管理人员清点盘库的时间。特别是在运动状态中进行数据采集，支持无线连接，有效降低管理人员的劳动强度，解决了以往馆藏清点工作存在的烦琐耗时、劳动强度高、服务时间受限等问题。

3. 物流控制

物流控制管理离不开信息技术的应用，RFID电子标签因其具有非接触、阅读速度快、无磨损、寿命长、便于使用等特点，现已广泛应用于物流系统的各个领域。物流控制系统的构成包括RFID电子标签、

RFlD读写器、RFID中间件、物流控制系统服务器和物流控制系统工作站。基于RFID电子标签的物流控制管理系统采用RFID电子标签实现对货物的识别和跟踪，进行实时监控，在收货、入库、拣货、出库流程中，用于出入库信息的确认和日常库存的盘点，帮助提高仓库作业能力、简化流程，达到控制物流的目的，提升物流自动化水平、管理水平和整体效率。

综上所述，将RFlD技术应用到物流的各个环节，能够实现物流流程的优化。其主要体现在：首先，RFID可以非接触自动识别物流各个环节中货物的位置和状态；其次，可以提高制造业物流信息系统采集信息的准确性，简化出入库的流程，及时了解库存货物状况，更加快速、精准地对货物进行盘点。

4.定位技术

RFID定位技术是一种基于无线射频识别的定位技术，其可以通过读取特定电子标签上的数据来实现对物体的实时定位，大大提高定位可靠性和定位效率，并且可以节约定位成本。RFID定位技术主要应用于生产管理、物流管理、智能家居、医疗管理、智能交通、智能安防等领域。例如，在物流管理中，使用RFID定位技术可以实时跟踪货物的位置，以便更有效地进行物流管理。在智能家居中，使用RFID定位技术来实现家庭设备的实时定位，以便更好地控制家庭设备。在医疗管理中，使用RFID定位技术来实现药品的实时定位，实现高效精准地管理药品。在自动化生产中，实现对自动化流水线中移动的物料、半成品和成品的识别和定位，提供自动化生产的科学化高效管理。

（三）技术应用领域分类

RFID电子标签作为数据载体，具有身份标识、物品定位跟踪、数据信息采集等作用。目前，RFID电子标签主要应用在以下几个行业：

1.物流管理

物流过程中的货物追踪、信息自动采集、邮政或快递业务。

2.仓库管理

在仓储或港口应用中，RFID电子标签能有效地解决仓储货物信息管理问题，可以实时了解货物位置、存储的情况。

3.零售管理

RFID标签嵌入物品、商品包装内，可以实现对销售货架中货品实时扫描，获取实时货物信息，从而实现实时统计销售数据、及时补货，同时具有防盗、结算等功能。

4.生产流水线管理

RFID电子标签能准确地记录流水线上工序信息和工艺操作信息，实现生产数据的实时监控、质量追踪，从而实现产品生产过程的可追溯，如生产时间、加工环节、人员工号、质检结果等记录。

5.防伪识别

每个产品有唯一的RFID电子标签，不仅用于身份识别，同时还可记录产品从源头厂家到销售终端的所有信息。

6.图书管理

在图书中粘贴电子标签，可以实现对书架中的图书快速扫描，获取图书有关数据信息，方便借还、查询、顺架、盘点等操作，同时起到防盗作用。

三、RFID在图书馆的应用

（一）RFID技术应用的系统架构

基于RFID技术应用的系统架构一般由RFID标签及数据采集组件、RFID硬件设备、RFID应用软件和RFID软件接口组成。

1.标签及数据采集组件

基本的RFID系统由电子标签、读写器和应用系统组成。RFID电子标签是RFID系统的基础组件，由芯片和天线组成，用于存储和传输与标签相关的数据。RFID电子标签具有独特的识别码，使其能够被读写器识别，并实现与应用系统的数据交互。读写器通常由天线、射频模块、处理器和接口模块组成。天线用于与电子标签进行无线通信，射频模块负责将通信信号转化为数字信号，处理器用于控制读写器的操作，接口模块用于将读取的数据传输给应用系统或接收来自应用系统的指令。读写器通过发送无线电信号，读取标签上存储的数据并经过解调解码后传送给应用系统或后台主机系统，完成RFID电子标签数据信息的传输、存储、管理和控制。读写器还可以向标签写入数据和更新数据，使用RFID标签时，写入对应图书的书名、著者、ISBN号、出版社、索书号、书库信息、架位信息、读者信息、借阅率及借阅信息等。应用系统是RFID技术应用中的关键环节，用于处理和管理从RFID标签和读写器获取的数据。应用系统可以是一个独立的软件系统或集成管理系统中的一个应用模块。应用系统可以对标签数据进行处理、存储、分析和展示，实现对物体的追踪、定位、管理和控制。应用系统通常包括数据库、数据处理软件和用户界面。数据库用于存储大量的标签数据，数据处理软件可根据应用需求进行数据解析、筛选和分析，用户界面则提供了对数据进行查询和操作的功能。

2.RFID应用软件

RFID应用软件主要包括图书自助借还系统、图书智能分拣系统、智能书架系统、馆员工作站系统、门禁监测系统、图书智能检索导航系统软件等。图书自助借还系统软件，可以自助完成借书、还书、续借、查询、预约等操作。图书智能分拣系统软件，可以实现对还回图书的归类和整理的工作，将馆员从以往人工分拣的繁重劳动中解脱出来，大大减轻馆员的工作量，节约了人力成本，提高了分拣效率。馆员工作站系统软件，用于图书流通操作的工作平台，可以完成图书借还、续借、预约、RFID标签状态信息修改、标签转换操作等工作。图书智能检索导航系统软件，RFID定位导航系统与OPAC书目检索系统相结合，提供书目检索的同时提供图书的三维智能导航。该系统可根据读者的当前位置，结合目标图书的具体架位，提供读者最优化的索取图书的导航路线，并引导读者找到图书。

3.RFID软件接口

RFID软件接口系统可与图书管理系统后台无缝对接，并为终端设备扩展业务应用，如图书自助借还设备、智能书架、安全门禁接口等。

4.RFID硬件设备

在图书馆的RFID硬件设备，主要有图书自助借还机、24小时还书机、图书智能分拣设备、RFID馆员工作站、移动式盘点设备、智能书架、RFID安全门禁等。

（二）RFID在图书馆的应用领域

1.RFID电子标签取代"条形码+磁条"

在智慧图书馆应用中，RFID电子标签同时取代了传统的条形码和磁条，作为一种全新的标识体系，显现出巨大的优势。在纸质书刊内置RFID电子标签可记录书刊的相关编目信息，如分类号、典藏地、书名、作者、出版社、出版时间、ISBN编号，甚至内容摘要等，并可以对信息进行删除、增加和修改。RFID电子标签可反复读写和重复使用，并可被无接触远距离识别感知。贴有RFID电子标签的物品成为一个终端节点，作为标志身份唯一性的电子编码。利用RFID馆员工作站或自助借还机可以简化图书借还管理步骤，同时完成对多本图书的信息扫描和读写等操作。

传统的图书流通管理采用磁条和条形码系统，条形码为馆藏标识功能，磁条为安全防盗功能。RFID电子标签可取代磁条，达到图书防盗作用。RFID防盗安全门设备是用于对粘贴有RFID标签的图书进行扫描、安全识别的系统设备，通过对纸本书刊的借阅状态来判断是否发出报警提示，实现对纸质书刊的安全控制，以达到防盗和监控的目的。

RFID电子标签，相较传统条形码存在巨大的优势，如表3-1所示。利用RFID电子标签可提高图书的安全性，实现馆藏管理的智能化。RFID电子标签不仅作为条形码的替代品，同时其系统化运用将给图书馆的工作流程、传统服务方式和管理模式带来革命性的影响，进而引发新的业务流程重组。通过RFID电子标签系统实现图书借还、顺架、查找、馆藏盘点等功能，可以极大地提高图书资料处理的效率，大幅提高图书盘点和查找的效率。利用RFID电子标签非接触、远距离、快速读取多个标签的诸多特点，结合盘点车和层架标签，可以很方便地完成书籍盘点、顺架、查错架、缺架清查工作。同时，在图书上架时还可以根据书库图形化路线指示反馈，按正确位置摆放馆藏图书。

表3-1 RFID电子标签和传统条形码的比较

功能	RFID标签	传统条形码
自助借还	√	√
自动分拣	√	√
支持多本同时借还	√	×
支持多目标同时阅读	√	×
支持激光扫描	×	√
支持摄像头识别	×	√
移动目标阅读	√	×
支持移动盘点	√	×
可编辑内容	√	×
防水功能	√	×
内置防盗标识	√	×

2.基于RFID的自助服务

自助服务是读者乐于接受的一种服务形式。RFID技术不仅可以解决现代图书馆的诸多问题，还可以为读者提供方便快捷的自助服务，在提高服务效率的同时还可以缓解图书馆人力资源不足的矛盾。

RFID自助借还办证机可以让读者自助完成借书、还书、办证等操作。RFID智能书柜采用高频或超高频RFID射频技术对书籍进行智能管理。当每本图书都贴有RFID标签，被放置在书柜内时，RFID读写器会自动扫描RFID标签，将图书信息和读者信息进行匹配，实现自助借还功能。RFID智能书架是一套高性能的在架图书管理系统设备，具有检测速度快、定位精准等特点，利用RFID技术实现在架图书单品及物品的自助识别，实现馆藏图书监控、清点、查询、定位、错架统计等功能。

3.基于RFID的智能定位

实现智能定位是提高图书馆智慧化水平的途径之一。智能定位对包括图书馆场馆、馆藏书刊资料、设施设备、人员等进行全面感知。这种全面感知、互联互通等，可实现智慧化管理。对人员进行智能定位即为对人的实时感知，对图书馆馆员的服务位置进行定位，可以及时了解馆员的行为信息，便于实现精准考勤、智能调配和高效管理。对入馆读者进行智能定位，获取读者当前所处位置，提供导航服务，更好地了解读者分布和读者需求情况，有利于今后开展更好的服务。

4.RFID电子标签的应用优势

（1）实现文献精准定位，便于文献馆藏管理和读者查找。RFID电子标签具有可读写功能，其数据可根据需要记录各种信息，如书名、架位、馆藏地点等，用来识别、追踪和保护图书馆的文献资料。图书RFID电子标签、RFID图书层架标签和盘点设备配合使用，可以帮读者快速精准定位图书的精确位置，大大节省了查找时间。

（2）便于快速对馆藏图书进行清点。利用RFID可对馆藏图书进行快速高效盘点。传统的图书盘点工作必须在闭馆的情况下依靠人工进行馆藏管理，且需要把书从书架上取下一本一本逐一扫描，条码枪必须近距离扫描图书的条形码，图书盘点的工作量以及工作强度都比较大。利用 RFID 技术的便携式盘点设备进行馆藏图书盘点，只需要在书架旁对书架上图书扫描一遍，就能读取粘贴有 RFID 电子标签图书的全部数据，可轻易寻找及识别书架中的图书。在不影响正常工作的情况下，无须闭馆就可以完成盘点和顺架的工作，并可以与图书馆集成管理系统中的馆藏图书数据库进行比对，生成如错架清单、在架清单、借阅统计等相关的统计报表，解决了长期以来藏书盘点的难题，显著提高了图书馆的管理和服务水平。

（3）利用 RFID 技术的非触控型操作和无线定位技术，可以在图书馆的书刊文献、关键区域、重要设备设施中部署 RFID 传感器，实现自助借还、移动盘点、区域定位、安全门禁、消防防盗、电子巡更、温湿度控制等功能，实现对文献资源、设备设施、空间环境的信息感知，实现基于感知的智慧化的服务。图书馆的工作人员可以从重复性、琐碎性、机械性工作中解脱出来，让图书馆的管理和服务更智慧、更高效，大幅提升图书馆现代化管理水平。

（三）基于 RFID 技术的图书馆设备

1. 自助借还设备

目前，RFID 技术应用在图书自助借还设备上，已经得到了业界的广泛认可，成为智慧图书馆建设的一个必选项。自助借还设备是为读者提供自助借书、还书、续借以及查询等服务的专用设备，由触摸显示屏、扫描器、读卡器、充消磁区、小键盘等部件组成。自助借还设备采用协议或网络专用接口与图书馆自动化系统数据库连接，利用借阅证、校园卡、身份证、人脸识别、二维码等识别读者身份，采用图形化的人机交互界面，对贴有 RFID 电子标签的图书进行无接触扫描识别，提供读者自助完成馆藏书刊外借、归还、续借和查询等操作。自助借还设备作为智慧图书馆终端，支持读者自助完成借还流程，无人工柜台服务。系统在借还过程中自动同步执行充消磁操作，确保图书状态实时更新。图书自助借还设备可以允许读者进行批量借还操作，快速完成借还书的流程，大大提升了借还效率。

（1）自助借还服务的优点。第一，自助借还服务简化了借还流程、节约了读者借还时间，提升了图书流通效率。馆员手工操作借还，在借还高峰时段常常导致读者排长队。读者自助操作可批量扫描借还多本图书，既节省了读者的时间、加快了图书流通率，又避免读者排队等候。与传统条形码相比，RFID电子标签和读写器具有识别精确度和识别效率更高的特点，可支持单本借还或多本借还，简单易懂的人机交互界面，让读者借还书流程更加方便快捷，并可以更快速、有效、稳定地完成数据的传输和统计分析。第二，自助借还服务极大地减少了馆员的劳动强度，提高了馆员的工作效率及服务品质。馆员可以省出更多的时间和精力从事个性化的信息服务工作，图书馆也可以将节省下来的人力资源，从传统的管理工作转向为读者服务或者进行其他增值服务，进一步提升了图书馆的服务质量和水平。第三，自助借还体现人性化。RFID自助借还系统提供给读者更加自由的借书、还书环境，减少了读者排队的时间及借还图书的时间，让读者享受了更自由、更人性化的服务。第四，自助借还系统保护了读者借阅隐私。馆员手工借还操作图书的方式，读者借还书必须与馆员面对面完成，读者个人的借阅信息和借阅习惯无法得到有效保护，读者利用自助借还设备自由地完成图书的借还手续，更高程度地保护了读者的个人借阅隐私。第五，设置24小时自助借还机或街区24小时自助借还机，使得图书馆的服务不再受时间与空间的限制，有效延长了图书馆的借还书服务时间，提高了图书馆的社会效益。总体上，自助借还设备可以帮助图书馆降低服务成本，提高图书流通率，提升服务内涵和改善服务品质。

（2）自助借还服务的缺点。第一，识别处理读者违规行为的功能较弱，图书破损、丢失监管困难。自助借还系统办理业务时只识别RFID标签，对图书的污损、缺损甚至调包等情况无法监管。与RFID电子标签相比，磁条防盗隐蔽性较好，读者较难发现磁条所在位置，而RFID电子标签一般粘贴于书脊或末页，很容易发现和撕下。第二，自助借还设备存在拒借拒还的概率，引发新型读者纠纷。自助借还设备的空间相对独立，使用自助借还设备过程中的一些错误不能被馆员及时发现。由于读者个体差异以及操作过程中的不正确行为或机器的临时故障，可能会出现错借、漏借和拒借等情况发生，容易使读者产生不良情绪。

2.智能书架

传统图书馆采用条形码技术实现图书管理，馆员按照图书分类法完成图书分类上架任务，图书上架并没有精确到具体某一节书架，图书错架、乱架的情况比较常见。读者在查找图书时需要花费很多的时间，影响读者的图书借阅效率。同时，馆员的顺架、整架采用原始的人工方式，工作效率低且劳动强度大。

智能书架是利用RFID技术对在架图书进行智能识别和管理，可实时监测在架每一本图书的流通状态，提供读者检索在架图书借阅信息并可根据图书架位信息实现图书自动定位与导航。智能书架系统具有检索速度快、定位准确等特点，通过读取架上每一本图书的RFID标签，可以完成馆藏图书实时监控、实时清点、阅读记录统计、错架列表统计等功能。图书馆文献信息管理系统与智能书架管理系统实时数据通信，能够控制智能书架的工作状态，同时负责识别书架上的图书信息，通过网络将识别出的数据信息上缴图书文献信息管理系统的数据库中。

智能书架电气系统基本组成包括读写器、控制器和天线。读写器是智能书架信息控制和处理中心，实现图书标签信息的采集和数据通信。智能书架采用的关键技术主要有天线阵列技术、多路切换技术以及电磁场信号控制技术等，能够实现精准定位，并对每层RFID设备的读取范围进行有效控制，以此实现每本书的精确定位。

智能书架的优势：第一，实现图书的实时监控、快速盘点。通过采用RFID技术，实现图书盘点的自动化，当读者或者管理人员把图书放错架时，系统就会自动生成错架列表方便管理人员进入系统后台管理错架图书。智能书架系统实现了在架图书的实时扫描、记录和更新架位信息，实现了图书的自动识别、快速清点的功能。第二，实现图书准确定位和快速查询。RFID智能书架可以实时检测图书当前的层架信息，进行图书位置的实时查询，具有图书定位功能，读者可以根据图书定位导航快速找到所需的图书。第三，提高工作人员的工作效率。智能书架采用RFID技术通过对粘贴有RFID电子标签的图书实现自动化借阅、自动盘点查询，大幅度减轻了工作人员的工作量。馆员可一键获取所有在架图书信息，实现自动盘点功能。智能书架的应用使馆员的顺架工作变得轻松，图书架位查询不依赖物理排序，可真正实现乱架管理。第四，提高读者的满意度。传统图书馆的错架乱架现象直接影响到读者查找图书的效率，这种消极的现象会直接造成读者流失，而智能书架实现图书的快速定位和错架乱架自动管理，提高了图书馆服务水平和服务质量，节省读者宝贵的时间，提高读者满意度。

3.自动分拣设备

自动分拣设备是一种通过识别图书信息后进行图书自动分类的流水线设备。自动分拣设备在图书馆主要用于归还图书上架前的自动化分类。当粘贴有RFID电子标签的书刊被放置到图书自动分拣设备上后，RFID电子标签中的图书分类信息被分拣设备上的电子标签读卡器识别读取，经过系统判断后将图书分别传送到相应分类的分拣口进行归类。因此，利用基于RFID技术的图书自动分拣设备，大大提高了图书分拣的效率和上架的及时性。

4.移动式盘点车

移动盘点车是一款可通过无线手持式盘点扫描仪对馆内书架上粘贴有 RFID 电子标签的书籍进行准确的扫描，实现书籍的盘点、上架、理架、顺架、倒架、下架、剔旧、移库、查找以及统计等工作的设备。它具有高效、灵活、智能等特点，在图书馆工作人员查找、清点馆藏和盘点书籍时发挥效率。移动盘点车通常由手推车、无线手持式盘点扫描仪（便携式 RFID 标签识别感应器）、触摸显示屏、书筐、锂电池、万向轮等部件组成。图书馆可以充分利用射频识别技术和网络技术的优点，实现对一本书刊以及多本书刊的同时识别和非可视化识别等。

移动盘点车主要优点：快速定位图书位置，可在扫描层架及图书时比对、发现错架并提醒；图书数据快速盘点；可无线连接，支持离线模式，数据同步后上传；方便易移动、操作简单，使用效率高。

5.预约书柜

预约书柜是指在图书馆中设置的一种方便读者预约书籍并自助借还的设备。读者在图书馆网站或移动客户端上预约图书，并选择指定的取书柜点，当所预约的图书到达指定的取书柜点时，系统会自动通知读者并发送取书码到读者手机或小程序中，读者只需前往预约柜刷卡取书即可。此外，一些预约书柜还支持自助借还书功能，读者只需将借阅的图书放入预约柜中，系统会自动扫描图书上的 RFID 标签并记录借书信息，并将还书信息更新到系统中。预约书柜为读者提供了更加便捷的 24 小时自助服务，读者可以随时随地预约书籍并在方便的时间来取书，使得读者在图书馆闭馆时也能方便的实现借阅服务。预约书柜提供读者一种阅读新体验，同时也提高了图书馆的服务效率和服务质量。

6.图书漂流柜

图书漂流柜是一种基于 RFID 技术的特殊的 24 小时无人值守自助借阅服务终端，通过"以书换书"的方式，让读者可以将自己已经阅读完的书籍放回漂流柜中，供其他读者就近借阅。图书漂流柜通常设置在社区、学校、图书馆等公共场所，使得居民或读者可以在方便的时间和地点借阅书籍，而无需到图书馆借阅或归还图书。同时，配备了 RFID 技术的图书漂流柜，可以自动识别和记录借书和还书信息，并自动更新到图书馆的图书集成管理系统中，便于图书馆的管理和维护。总的来说，图书漂流柜是一种方便、快捷、个性化的图书馆设备和服务，提高了图书的利用率和流通率，促进了全民阅读和文化交流。

7.RFID安全检测门禁

RFID 技术不仅可以定位和管理图书资源，还可以保护图书的安全。传统的磁条（EM）防盗系统是孤立的防盗系统，不能与图书管理系统进行互动。图书外借时要对磁条进行消磁处理，还回和上架之前要对磁条进行充磁处理，烦琐的操作直接影响到图书流通及管理的工作效率。同时，传统的磁条防盗系统常会因天气变化导致磁场变化、磁条消磁不干净引起的误报警等情况。

当内嵌有 RFID 标签的书刊通过 RFID 安全检测门禁设备时，设备集成的阅读器自动检测感应区内三维空间任意方向馆藏纸本书刊中的 RFID 电子标签，从而与图书管理系统中借还书的历史记录进行匹配，通过读取馆藏书刊的借阅状态来判断被检查书刊是否为违规夹带或未正常办理借阅手续，并确定是否启动声光报警提示信息，以达到监控和防盗的目的。RFID 安全检测门禁可实现对图书的安全管理，提高了书刊的防盗监控能力，降低了漏报率和误报率。

8.24小时无人值守图书馆

24 小时无人值守图书馆是指在没有图书馆员或工作人员值守的情况下，读者可以自行借阅和归还图书的图书馆。这种图书馆通常采用智能书柜、自助借还书机、智能门禁、视频监控等设备来实现自动化管理。

24 小时无人值守图书馆的优点：延长服务时间，即可以提供24小时服务，读者借阅和归还图书不受时间限制，方便快捷；节约人力成本，不需要工作人员，因此可以大大降低运营成本；提高借阅效率，即读者通过自助借还书机或手机App进行自行借阅和归还图书操作，无需等待工作人员，提高了借阅效率。

建设和运营24小时无人值守图书馆，需要充分考虑和面对一些问题和挑战：由于缺乏管理员的监管，读者的行为可能不受约束，需要读者具有一定的文化素养和责任心，能够自觉遵守规定并妥善使用图书，如不得将图书私自带出图书馆、不得随意摆放、恶意损坏图书等；无人值守图书馆需要建立完善的管理制度，如定期盘点图书等，也需要加强管理和监管，以确保图书馆的正常运转。总之，24小时无人值守图书馆是一种新型高自由度的图书馆服务模式，可以提供更加便捷、高效的服务，并促进自助服务的推广。

9.其他读者自助服务设备

RFID技术还可以让图书馆实现为读者开展更多类型的自助服务业务，如自助办证、自助查询、自助充值、自助缴费、自助复印打印、自助扫描、自助上机等服务。

（四）RFID技术应用的影响

1.提高图书馆的管理服务水平

RFID技术促进了图书馆信息管理系统的交叉融合，可以推动图书馆的业务流程重组、组织架构改革、馆员的岗位调整，促使图书馆服务模式从人工服务向自助服务的转变，进一步提高图书馆服务的效率和质量。

2.提高图书馆工作人员的满意度

RFID技术提升了图书馆管理和服务工作的智能化水平，大大减少了流通的工作量，将流通馆员从以往日常烦琐的重复劳动中解脱出来，使得他们可以从事其他的培训、技术、咨询、讲座等业务工作，提升个人的业务能力，提高流通馆员的工作积极性，改变流通馆员的精神面貌。

3.提高读者满意度

采用 RFID 技术可以提高图书馆员顺架、整架、盘点等的工作效率；可以提高图书借还的工作效率，减少读者排队等候的时间；可以提供读者可视化导航系统，提高读者查找图书的获得率。总之，RFID技术的应用有助于提高读者满意度。

第三节   Wi-Fi 技术及应用

Wi-Fi（Wireless Fidelity）技术是一种短距离无线通信技术，其属于创建于 IEEE 802.11 标准的无线局域网技术。无线网卡使用的标准不同决定了 Wi-Fi 的速度也有所不同，其中 Wi-Fi 6 标准（或 802.11ax）最高速率可达 11Gbps。Wi-Fi 是由 AP（Access Point）和无线网卡组成的无线网络，是把有线网络信号转换成无线信号。AP 通常被称为网络桥接器或接入点，它是有线局域网络与无线局域网络之间的桥梁，因此任何一台装有无线网卡的电脑或终端设备均可通过 AP 去分享有线网络的资源。Wi-Fi 是目前使用最广的一种无线网络传输技术，也是目前无线接入的主流标准。Wi-Fi 技术在日常生活中已经得到普遍应用，如智能家电、智能汽车、智能手机、游戏机、平板电脑、笔记本电脑、打印机等可以无线联网的领域或设备，给人们带来极大的方便。

一、Wi-Fi 技术优势

基于上述优势，Wi-Fi 技术在图书馆中得到广泛应用，具体包括以下几个方面：

（一）传输速度快

虽然由 Wi-Fi 技术传输的无线通信质量有待改进，但它的传输速度非常快，能较好满足个人和社会信息化的需求。

（二）信号覆盖范围广

基于 Wi-Fi 技术的电波覆盖范围可达 100 米左右。有线网络的网络设备放置的位置受到信息点限制，而无线网络的范围是不受环境因素限制，在无线网信号覆盖区域内任何一个位置都可以接入网络进行通讯。

（三）建设门槛低

Wi-Fi 无线网络的安装相对于有线网络的安装更加简单、方便，不需要布线或挖线槽，建设成本低，即安装十分方便，安装时间也相较有线网络的安装时间大大减少。

（四）扩展更容易

布设 Wi-Fi 无线网络不需要考虑未来的扩展需求和资源浪费等问题。无线网络不受布线位置的限制，比传统局域网灵活性更强，可以避免或减少材料、信息点的浪费。

（五）更健康安全

Wi-Fi 发射信号功率比手机发射功率更低，Wi-Fi 实际发射功率为 60~70 毫瓦，而手机的发射功率为 200 毫瓦至 1 瓦之间，手持式对讲机的发射功率高达 5 瓦，且无线网络使用方式也不像手机一样直接接触人体，因而采用 Wi-Fi 技术组网上网更健康安全。

二、Wi-Fi在图书馆的应用

智慧图书馆的建设离不开无线网络的建设。无线网络相比有线网络具有更便捷、更灵活等特点，其助力图书馆打造全覆盖、泛在化的服务，因此已被广泛应用于各类图书馆场景中，极大方便了读者的利用。无线网络通过在目标区域内部署大量具有通信和计算能力的微型传感器节点，以此完成对目标对象的感知和采集，并通过多条路由将感知到的信息传送到汇聚节点，最终借助互联网、无线网络等传送至用户终端。因此，无线网络技术与无线传感器网络相结合，进一步拓展了其应用范围。

（一）部署无线通信网络

Wi-Fi技术是目前传输速度最快的无线通信技术，具有良好的拓展性、通用性和可移动性，同时还具有交互性强、建设成本低、可靠性高等特点。王普雄，郑晓晶等在《智慧图书馆技术研究》（2022）一文中指出，802.11ac Wave2标准的优势非常适合部署在手机、电子书、平板和笔记本电脑等移动终端的人员密集场所。西安工程大学图书馆结合图书馆实际场景区域的面积、人员密度以及对无线网络的需求，采用支持802.11ac Wave2技术标准的无线AP，具体对无线网络的架构、拓扑、部署场景、认证、SSID与信道规划、安全、运维等方面进行了差异化、有针对性的设计部署，并实现了千兆无线网络。西安工程大学图书馆基于802.11ac Wave2标准设计的图书馆无线网络方案可以为智慧图书馆的无线网络部署实施提供参考。

（二）图书馆内部定位与导航

基于Wi-Fi技术的室内无线定位系统具有建设成本低、方便配置及扩展、抗干扰能力强、良好的网络稳定性、高速率、高可靠性的数据传输等特性，以及Wi-Fi通讯模块在智能移动终端上的普遍采用，使其成为了一种低成本且容易实现的室内无线定位技术。利用RFID射频识别技术对设备定位、图书定位、书架定位非常方便，但是对于人员、设备的定位较难。基于Wi-Fi技术的室内定位与导航系统使得读者可以清楚自己所处的位置，通过导航方便快速到达目的地。在智能手机等终端设备开启Wi-Fi的情况下，可以快速扫描并获取图书馆区域内的AP广播出来的MAC地址。终端设备将标示AP的数据发送到位置服务器，服务器检索出每一个AP的地理位置，结合每个信号的强弱程度，并根据定位算法计算出终端设备的地理位置后返回给读者。

王蕾、杨洪秀等构建了基于无线网络技术的图书馆书籍智能推荐系统，通过无线传感器网络节点和RFID技术采集所有书籍原始数据并建立书籍数据库，根据聚类分析获取书籍相似度排序和用户兴趣喜好排序，并通过手机等智能终端设备进行推荐结果推送，完成书籍推荐。还有其他一些室内定位技术，如惯性传感器定位、地磁室内定位、红外线定位、超声波室内定位、超宽带室内定位、蓝牙定位、GPS导航、蜂窝导航、ZigBee定位等，或定位算法复杂，或成本较高，都不利于实际应用。

（三）环境监测应用

博洛尼亚大学研究了Wi-Fi应用于物联网时的能源效率，实验结果表明Wi-Fi可以作为一种主要的物联网设备的低成本、低能耗的室内无线技术解决方案。蓝牙受限于传输距离在环境监测领域应用较少，而GPRS需要较高的通信成本。ZigBee技术不仅建设成本高，由于主要采用ISM频段2.4GHz频段的信号穿透力较弱，容易受到建筑物内构造的影响，通讯距离较小，而且容易受到同频段的Wi-Fi和蓝牙的干扰。

王栋，袁伟等针对图书馆的建筑和环境监测应用的特点，提出一种基于 Wi-Fi 的低成本、组网灵活、易扩展、实用可靠的传感器节点自动组网方案，设计并实现了一种基于 Wi-Fi 的图书馆环境监测系统。该系统能够实现节点的自动组网和控制，节点可以快速实时地上传传感器数据，统一汇入监测数据中心进行综合分析和存储，实现图书馆多种环境参数的实时监控和动态发布。

第四节　ZigBee 技术及应用

ZigBee 也称紫蜂，是一种由 ZigBee 联盟制定，基于 IEEE802.15.4 标准的低速短距离无线通信自组网技术，具有低复杂度、高可靠、低速率、低成本、低功耗的特点。

一、ZigBee 技术概述

ZigBee 技术主要应用于近距离、低功耗、低速率的各种电子设备间进行数据传输，适用于工业现场自动控制和远程控制领域，此外也可以嵌入各种设备，应用范围涉及民用、商用、工业、农业及公共事业等领域。ZigBee 网络由协调器、路由器和终端设备 3 个设备组成，主要用于传感器和控制系统之间的双向通信。ZigBee 采用蜂巢结构组网，每个设备可以通过多个方向与网关通信，以保障网络的稳定性。虽然单个 ZigBee 节点的通讯距离有限，但单个节点具有无线信号中继功能，每个 ZigBee 网络最多可支持 255 个节点设备。理论上，通过简单灵活的节点部署可以将网络的通讯距离无限延伸。最后，ZigBee 具备双向通信的能力，不仅能发送命令到设备，同时设备也会把执行状态和相关数据反馈回来。

ZigBee 作为一项新型的无线通信技术，具有低成本、低功耗、延时短、简单方便、网络容量大、安全可靠等特点，这些优势是其他传统网络通信技术所不可比拟的。ZigBee 相较于蓝牙、Wi-Fi 具有低功耗、低成本的特有优势，是其他无线传输技术无可替代的。ZigBee 采用了极低功耗设计，其设备仅靠两节 5 号电池可以维持长达 2 年左右的使用时间，能耗显著低于其他无线通信技术。因此，将它运用于智能终端代替蓝牙、Wi-Fi 进行短距离传输，将大大降低终端设备的功耗，提升终端设备的整体性能。

ZigBee 无线通信技术凭借其独特的优势，已在工业自动化控制系统、智慧农业、医护系统、电网监控系统、环境监控系统、仓储物流系统、消费类电子产品、智能家居等领域得到大规模的应用。在智能家居领域，可以实现对不同家居的智能控制，提高家居操作的便捷性，提升人们的生活居住体验，还可以起到有效的信号抗干扰功能，缩减对其他用户造成的信号干扰。ZigBee 无线通信技术凭借其安全可靠、多路径路由方式等特征，尤为适用于仓储物流系统中。同时，ZigBee 节点提供连接各种传感及控制设备的功能，因而 ZigBee 在远距离身份识别、环境监控以及无线网络定位方面，也有较大的优越性。

二、ZigBee 在图书馆的应用

ZigBee 技术应用在图书馆以下领域：图书管理系统、智能座位管理系统、智能环境感知系统、无线温湿度监测系统、环境监测系统、智能照明系统、消防监控系统、火灾报警系统、无线网络搭建等。

张开生、杨武等提出，一种基于 ZigBee 技术构建的图书检索导航系统。首先，在图书馆区域内通过放置无线定位节点来构建一个 ZigBee 无线定位网络，读者可以在内置有 ZigBee 定位模块的手持终端上检索信息来确定图书位置，通过内置的定位模块和 ZigBee 无线定位网络实现对读者位置的定位，最后加载电子地图实现图书导航。曹鹏飞设计开发了一种基于 ZigBee 网络的室内定位系统，具有结构简单、组网灵活、成本低以及操作方便的特点。该系统将ZigBee网络节点接收的信号强度指示转化为距离，结合质心定位算法进行修正，利用粒子群算法计算未知节点位置。其次，采用STM32控制器对数据进行预处理，按照ZigBee协议完成数据包的解析。最后，将数据发送给上位机进行定位算法处理，并将结果在界面显示。

刘远仲、刘睿、孙健勋等分别设计了一种基于ZigBee技术的座位智能管理系统。该系统采用压力传感器和温度传感器（红外传感器）共同监测和感知座位占用情况。在座椅上安装一个ZigBee模块，利用座位在有人和无人情况下所承受的压力和温度变化来检测座位占用情况。系统设计以ZigBee无线通信技术为基础，使用ZigBee协调器组网，将终端节点、网关、控制系统、通信终端连接在一起。一个ZigBee协调器可管理多个ZigBee终端，ZigBee协调器将终端座位占用情况信息传递给网关，用户通过访问网关或终端显示设备查询座位空闲情况。

秦格辉探讨了ZigBee技术和RFID技术的融合组网应用，设计了基于ZigBee技术的RFID阅读器。其利用RFID的近距离身份识别能力及ZigBee的远程通信能力，组合成一个精准、稳定的图书馆物联感知应用系统。该系统既具有了RFID简单、快捷、自动识别目标的特性，又融入了ZigBee主动感知与无线组网的功能。基于ZigBee和RFID技术结合的资产监控系统，在固定资产上粘贴有RFID标签，在标签周边区域布设RFID、ZigBee融合的终端节点。该系统不仅能够实时获取、写入资产的标识和位置等信息，而且还能够提高资产管理过程的智能性和准确性。

吴蓬勃等提出，一种基于超高频RFID技术和ZigBee技术相结合的图书馆无线智能监控通道。其通过RFID读卡器实现图书的防盗，通过热释电红外传感器技术实现人流量统计，通过串口连接ZigBee模块实现无线数据的传输，服务器将分析和处理的结果发送到显示终端。与传统的利用磁条防盗相比，系统可以提高图书防盗的检测率、准确率，降低误报率、漏报率和故障率。

　　徐泽清、许东辉等分别设计了基于ZigBee技术的图书馆环境智能控制系统，实现了对图书馆馆舍内温度、湿度、照明、噪声、粉尘、烟雾等各项环境数据的实时监测和自动控制，并能根据馆员操作做出相应调控。ZigBee技术具有低成本、低功耗、自组网、容量大、可扩展等特点，解决了以往图书馆环境监控系统的布线烦琐、设备可移动性弱、节点扩充性差、精度不高等缺点。该系统采用ZigBee无线传感器网络，从软硬件两方面设计了系统中的各个节点，对ZigBee网络中协调器节点、路由器节点和传感器节点进行了设计。终端节点采集图书馆室内各种环境数据信息，数据经路由器传送到主协调器，协调器通过RS232串口通讯与上位机通信，通过上位机软件对数据进行分析、显示和处理。馆员能够远程设置各无线节点，实现对温湿度、照明等环境指标的自动或手动控制。通过无线节点启动空调、加湿器、除湿器、日光灯、通风机等设备来调节温湿度等环境数据，并可以通过智能手机等终端设备对室内各终端节点环境数据进行远程检测和调控。

第五节　蓝牙技术及应用

　　蓝牙技术是一种基于低成本的，为固定或移动设备建立通信环境的近距离无线连接技术。蓝牙技术具有组网灵活性、通用性、适应性、简便性和安全性等特点。它使得一些移动设备和计算机在没有电线或电缆相互连接的情况下，实现近距离范围内的数据共享、通信或操作，并且能无线接入互联网。目前智能手机都配有蓝牙模块，在性价比与精确度综合考虑下，室内定位采用蓝牙技术实施起来更加便利且比较经济。与Wi-Fi技术的传输距离相比，蓝牙通常只能在10米左右范围内工作，造成了用户选择建立无线网络连接时明显倾向于Wi-Fi技术。但是，蓝牙比无线局域网技术更具移动性的优势，具有支持点对点、点对多点的传输特性，同时蓝牙具有几乎无外围电路、体积小等特点。

一、Beacon 技术概述

（一）什么是 Beacon？

Beacon 即蓝牙信标，是一种基于蓝牙技术的低成本小设备。它采用了低功耗蓝牙技术（Bluetooth Low Energy，BLE），主要是用作辅助室内定位的功能。由于 BLE 协议的传输速率比较低，只能用来单向发射小数据流的信号。Beacon 仅提供位置服务，推送消息功能需要在用户设备里安装相应的软件来实现。目前 Beacon 主要有两大平台：一是苹果公司于 2013 年 9 月发布的移动端操作系统（ios7）上配备的新功能 iBeacon；另一个是谷歌公司于 2015 年 7 月发布的一款开源且能跨平台工作，适用于任何设备和软件的平台 Eddystone。Eddystone 可向特定的对象发送信息，无需进行广播。

（二）Beacon 的工作原理

当 Beacon 设备被部署好之后，使用低功耗蓝牙技术向周围进行连续性广播，发送自己特有的数据包，但它不能和任何低功耗蓝牙主机进行连接。当手机、平板等移动终端设备进入 Beacon 设备信号区域范围内时，会接收到 Beacon 设备发射出的包含位置信息的数据包，接收到该数据包的应用软件会分析广播包中的 MAC 地址来自哪一个蓝牙设备和当前的接收发送信号强度指示值 RSSI 为多少，经过一定计算来获取自己的当前位置。当计算出来的位置符合之前设定的特定条件时，应用软件向数据服务器请求获取相应内容并呈现给用户。Beacon 蓝牙终端一般用于室内定位导航和精准位置营销等，如一些大型超市的室内定位导航和基于位置的推送商品优惠券等。Beacon服务系统通常由Beacon蓝牙设备、手机等终端设备、数据服务器三部分组成。一个Beacon就像一个小型的信息基站，多个Beacon则可以组成信息服务网络。

二、Beacon在图书馆的应用

2013年，美国梅西百货公司首次将Beacon技术应用于获取商场内顾客的位置，向顾客推送对应的促销信息。目前，国内已经将Beacon技术应用在很多领域，包括智慧社区、智慧景区、智慧停车场、智慧商圈、智慧酒店、智慧银行、智慧博物馆、智慧图书馆、广告营销、零售业务、餐饮行业等。

Beacon技术在图书馆主要应用在室内导航定位和信息推送。利用Beacon技术的定位优势，实时感知读者的具体位置信息，并向读者推送相应的导航信息和其他信息，实现提供基于情境化的动态立体的服务。基于该技术可以实现消息推送、阅读推广、馆内导航导览、活动通知、签到等服务。

第六节　NFC技术及应用

NFC（Near Field Communication，简称近场通信），是一种近距离无线通信技术标准。NFC是在非接触式射频识别（RFID）技术的基础上结合了无线互连技术。NFC可实现相距20厘米内的蜂窝设备、蓝牙设备、Wi-Fi设备快速自动组建无线网络，提供"虚拟连接"，使电子设备在短距离范围进行快捷的无线通信。

一、NFC技术概述

（一）什么是NFC

NFC的短距离交互技术大大简化了设备之间的认证识别过程，其运行不依赖互联网，消除了潜在的干扰源，使电子设备间互相访问更方便、更快捷和更安全。NFC技术可以在移动设备、消费类电子产品等设备之间进行近距离无线通信，实现认证识别和数据交换。它与RFID不同，采用了双向的识别和连接方式，为我们日常生活中使用的各种电子产品提供了一种安全快捷的通信方式。NFC技术可使多个设备之间实现无线互连、交换数据或其他服务。NFC具有距离近、带宽高、能耗低、安全性高等特点，适用于一些敏感信息或个人数据的传输等，使用了NFC技术的设备（如智能手机）可以在彼此靠近但非接触的情况下进行数据交换。NFC技术利用移动终端可以代替生活中各种各样的卡片，实现数据传输，如移动支付、电子票务、门禁、身份认证、防伪、广告等应用。

（二）NFC的工作原理

NFC是一种高频的短距离无线通信技术，可以实现设备之间点对点的无线数据传输，其工作频率为13.56MHz，通信距离0~20cm，传输速率有106Kbit/s、212Kbit/s、424Kbit/s三种。NFC工作模式采用的是双向识别和连接，即任意两个NFC设备接近而不需要线缆连接就可以实现互相通信。NFC具体可分为三种应用模式：点对点通信模式、读写器模式和NFC卡模拟模式。

1.点对点模式（双向模式）

这种模式下，两个具有NFC功能的设备近距离接触可以实现点对点之间的数据传输。基于此模式，多个具有NFC功能的数字照相机、PDA、手机之间可以进行无线互联实现数据交换。点对点模式与红外和蓝牙比较相似，如当带有NFC功能的智能手机触碰带有NFC功能的蓝牙音响，就可以快速连接上蓝牙音响。

2.卡片模拟模式（被动模式）

这种模式就是将具有NFC功能的设备模拟成一张非接触卡或非接触标签，比如利用支持NFC功能的智能手机模拟门禁卡、公交卡、身份证、银行卡等的应用。NFC卡模式主要用于交通、商城、门禁等非接触刷卡或移动支付应用中。通过在某一具有NFC功能的设备上模拟各种卡，组合所有的身份识别应用和服务，帮助解决了记忆多个密码的难题，无需再携带各种卡同时也提高了数据的安全性。

3.读卡器模式（主动模式）

这种模式下NFC设备作为非接触读写器使用，可以从TAG（非接触卡芯片）或具有TAG的其他设备中采集数据。NFC读卡器模式的应用领域包括从广告页面、电影海报、车票门票、展览页面等中读取信息。例如，公交卡、公园门票、景点门票、展览页面、电影海报后面贴有TAG标签，可以从TAG标签中获取公交刷卡记录、公交车站站点信息、公园地图、景点地图、展览信息和电影信息，并可以链接直接购买车票、门票或电影票，提高人们生活、交通、旅游的便捷性。

（三）几种近距离无线通信技术对比

目前，近距离无线通信技术主要包括RFID、蓝牙、ZigBee、红外（LrDA）、Wi-Fi、NFC等技术。NFC以及其他6种近距离无线通信技术在传输距离、传输速率、频段、功耗、成本等方面有各自的特点和优势，如表3-2所示。

表3-2　6种近距离无线通信技术功能比较

名称	工作频段	传输距离	传输速率	功耗	硬件成本	安全性	定位精度	其他
NFC	13.56MHz	<20cm	<424Kbps	低 10mA	低（低）	极高	高	主要应用于移动支付、电子票证、门禁等场景
红外	980nm 红外线	1m	115kbps	低	低	无	高	主要应用于设备互联、嵌入式的系统设备等
RFID	2.4GHz	<3m	2Mbps	低 10mA	中（高）	中	高	广泛应用于工业控制、物流管理、畜牧业、医药、图书等领域
ZigBee	2.4GHz	<20m	100kbps	低 5mA	中（高）	中	高	ZigBee比蓝牙组网简单,低速、低功耗和低成本
蓝牙	2.4GHz	10m	1Mbps	20mA	中（低）	高	高	户外场所易于使用,广泛应用于数码、电子产品;芯片尺寸和价格难以下降,抗干扰性不强,传输距离短
Wi-Fi	2.4GHz	<200m	11-54Mb/s	10-50mA	高（高）	低	低	适用于室内场所,主要应用在公司、家庭,提供电子设备联网

二、NFC 的应用领域

NFC 设备可以用作非接触式智能卡、智能卡的读写器终端以及设备对设备的数据传输链路。它的具体应用可分为电子支付、安防应用、公共交通、标签应用、数据传输以及 eID 应用等类型。

1.电子支付

NFC 可以作为继支付宝、微信支付之后的第三种移动支付方式。电子支付是通过利用手机 NFC 功能模拟银行卡、一卡通等，绑定支付宝、微信等功能来实现，作为支付宝和微信支付的身份认证手段。相比使用支付宝和微信的扫码支付，NFC 电子支付的优点在于不依赖外部网络，在 NFC 设备的碰触中即可完成支付交易，使用更加便捷。有些城市的公交系统已经开放了手机的 NFC 功能。

2.公共交通

在智能手机、智能手环等设备上利用 NFC 功能并绑定已购买的公交卡等交通卡，乘车时可以用手机代替公交卡刷卡乘车。交通联合一卡通是由中华人民共和国交通运输部主导的可以在多个城市使用的交通卡。NFC 交通卡的实现原理是利用手机 NFC 功能模拟"交通联合卡"，目前，全国范围内已经有超过 300 个地级城市的公共交通系统支持 NFC 交通联合卡，可以实现跨城市使用。对于不支持"交通联合卡"的城市，手机厂商也实现了对地方交通卡的支持。

3.安防应用

NFC 作为安防的应用主要是将手机模拟成门禁卡、电子门票等。NFC 模拟门禁卡就是将现有的门禁卡数据写入手机的 NFC，出门不用带门禁卡，使用手机就可以轻松实现门禁功能。NFC 模拟电子门票的应用是用户购票成功后，手机的 NFC 功能将门票信息虚拟成电子门票，在检票时直接刷手机即可。NFC 技术在安防领域的应用，可以减少物理卡和配套设备的投入，降低了建设成本和人员成本。将 NFC 应用在图书馆，有助于提升图书馆的自动化水平和服务效率。

4.标签应用

NFC 标签（TAG）的应用就是把一些信息写入一个 NFC 标签内，用户只需用 NFC 手机在 NFC 标签上划过就能获取 NFC 标签内的信息。商家可以在海报、广告牌、景点门票等中植入 NFC 标签，用户用手机的 NFC 获取标签中的促销信息、景点地图等相关信息。但是，在成本方面作为提供信息的标签应用，NFC 标签与几乎零成本的二维码技术相比并没有优势，很容易就会被二维码替代。

5.数据传输

将两台支持 NFC 功能的智能手机进行虚拟连接，即可实现点对点的无线网络数据传输，如手机之间下载音乐、交换图像或同步通讯录等操作。

6.eID（公民网络电子身份标识）

目前，许多带有 NFC 功能的手机已经实现了对 eID 的支持。eID（electronic IDentity），中文全称为公民网络电子身份标识，由"公安部公民网络身份识别系统"签发给公民的网络电子身份标识，它是以密码技术结合智能安全芯片为基础，在一定程度上可以代替实物身份证，还能够实现在线身份验证、线下身份验证等功能。简言之，eID 技术在保障个人隐私的前提下，带给我们更为便捷的身份验证方式。

近几年，NFC 技术在我国智能手机中的应用上，打开了新的局面。相信在不久的将来，NFC 技术必将迎来更多新的发展应用机会。

三、NFC 在图书馆的应用

2012 年，Elektor 推出了一本特别的图书 *CatchtheSun*。它是一本介绍热气球旅游的图书，其特别之处在于 NFC 技术首次应用在图书上，在这本图书中内置了 8 个 NFC 标签，通过带有 NFC 功能的手机等移动设备轻触图书，就可以将书本中的相关信息读取到设备上。2012年，美国斯卡拉顿大学图书馆和奥地利的克拉根福市的虚拟移动图书馆开始采用NFC技术。2013年7月，日本琦玉县的一家图书馆正式采用富士通公司的NFC标签。在国内，NFC应用在图书馆仍属于探索阶段。2014年9月，北京邮电大学正式启用NFC手机校园一卡通系统，将银行卡、宿舍门禁卡、饭卡、借阅证、北京市政公交卡全部集成在一部NFC手机中，极大地方便了师生，深受师生欢迎。北京邮电大学图书馆的移动图书馆支持NFC手机下载App应用，为读者提供搜索和阅读数字信息资源、自助查询、借还业务、实时资讯和多媒体资源，建立了随时随地获得全面信息服务的现代图书馆移动服务平台。另外，NFC手机一卡通替代传统的校园一卡通，实现门禁识别、书刊借阅、超期罚款等功能。2015年1月，广东省立中山图书馆设立了自助借还书体验区，读者利用有NFC功能的手机就可以读取图书的RFID标签，完成借还书操作，开创了业内自助借还书服务的新模式。

第四章　智慧图书馆的体系与模式建设

徐宗本指出，人类社会、物理世界、信息空间构成了当今世界的三元。这三元世界之间的关联与交互，决定了社会信息化的特征和程度。感知人类社会和物理世界的基本方式是数字化，连接人类社会与物理世界的基本方式是网络化，信息空间作用于物理世界与人类社会的方式是智能化。物联网是互联网的自然延伸和拓展，主要解决人对物理世界的感知问题。数字化是基于计算机软、硬件系统和设备的一种信息（文字、图片、图像、信号等）表示、存储、传输、加工、处理、计算的方式。数字化是在网络化基础上发展起来的，是智能化的基础。智能化是基于实体、过程、概念等数字化资源进行思维仿真和行为仿真建模，使对象具备灵敏准确的感知功能、正确的思维与判断功能、自适应的学习功能、行之有效的执行功能等。由此可知，智慧图书馆是建立在数字化、网络化、智能化等管理理念基础上的综合性管理与服务体系。

第一节　智慧图书馆的体系架构

"理论构建–实践探索–实证检验"是智慧图书馆建设的主要思路，目前，智慧图书馆建设的最终目标仍然不清晰，但是关于建设的内容、方法、路径的研究一直在持续，最终的轮廓随着实践的不断深入也会越来越清晰。宏观层面，智慧图书馆的建设主要围绕图书馆的顶底层设计、建设模式和构建体系；微观层面，智慧图书馆的建设包括要素构成、技术应用、服务模式和管理模式等方面。结合学者们基于不同的视角提出的不同的观点，关于智慧图书馆体系结构的观点可分为层次理论和维度理论。

一、智慧图书馆的层次理论

智慧图书馆的层次理论认为，智慧图书馆的体系结构可以参照计算机网络体系结构的分层原理来划分。计算机网络体系结构是指计算机网络层次结构模型。网络分层是指将网络协议按照功能划分为不同的层次，每个层次都有不同的协议和功能，通过这些协议和功能完成网络数据的传输和处理。计算机网络体系结构模式（网络分层模型）有三种：OSI 七层结构模型、TCP/IP 四层结构模型和五层结构模型。为了使全世界不同体系结构的计算机能够互联，国际化标准组织（ISO）于 1997 年提出了开放系统互联基本参考模型，简称 OSI 七层模型。所谓的七层协议体系结构，即物理层、数据链路层、网络层、运输层、会话层、表示层和应用层。OSI 七层模型是官方制定的国际标准，其划分的层次过多，是大而全且比较复杂，通常作为教科书上的理论模型。根据实际应用经验，在实际中应用最广泛的是 TCP/IP 四层结构模型，即包含网络接口层、网络层、运输层和应用层四层结构，其中将数据链路层和物理层简化为网络接口层，将会话层、表示层、应用层简化为应用层。理想模式则是五层结构模型，包括物理层、数据链路层、网络层、运输层和应用层。

学者们基于不同的视角对智慧图书馆体系结构进行了划分，划分方式略有不同但是核心内涵基本一致。体系结构都是基于一般意义上的"感知层、数据层、应用层"结构进行扩展，分成了三层至七层等不同的设计概念。陈宋敏等将智慧图书馆的整体架构简单分为应用层、平台层和技术层三层。许新龙等设计的智慧图书馆的系统架构包含感知层、传输层、数据层、应用层、展示层五个层级。杜亮等提出智慧图书馆系统架构分为基础层、感知层、数据层、平台层、应用层、服务层六个逻辑层次。王东波将智慧图书馆体系结构分为显示层、应用层、服务层、感知层、数据层、支撑层六个层次。陈臣认为智慧图书馆的系统结构主要分为数据感知层、数据传输层、数据分析层、智慧服务层四个层次。

通过对学者们的观点进行归纳、分析，笔者认为智慧图书馆体系结构至少需要基础层、感知层、数据层和应用层四层结构，但是智慧服务主要通过各种智慧化技术和智慧平台来实现，其应用层的设计比数字图书馆的系统架构复杂很多。因此，智慧图书馆体系结构可以采用六层架构，即涵盖基础层（或叫基础支撑层）、感知层、数据层、平台层（或叫应用支撑层）、应用层和服务层，如图4-1所示。

7.应用层				6.服务层
6.表示层	4.应用层	5.应用层		5.应用层
5.会话层				4.应用支撑层
4.运输层	3.运输层	4.运输层		3.数据层
3.网络层	2.网络层	3.网络层		2.感知层
2.数据链路层		2.数据链路层		1.基础支撑层
1.物理层	1.网络接口层	1.物理层		

OSI七层参考模型　　TCP/IP四层结构模型　　五层结构模型　　智慧图书馆体系结构模型

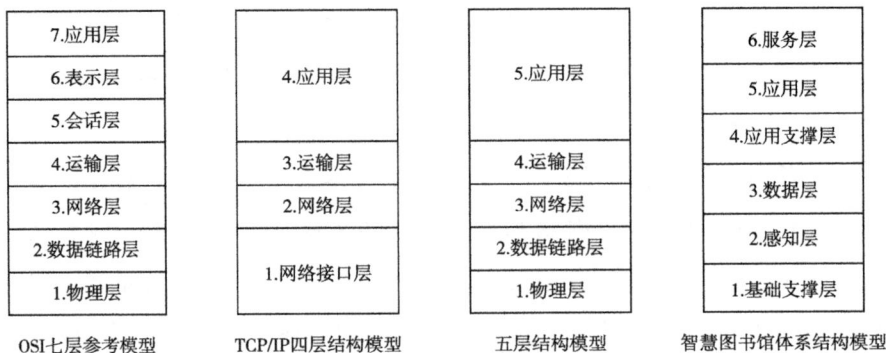

图 4-1　智慧图书馆的各种体系结构

（一）基础层

基础层（或基础支撑层）主要由网络、通信、存储、服务器、操作系统、中间件及其他智能设备等构成，实现数据传输及存储交换，包括网络管理设备、光纤传输网络、有线无线局域网络、RFID网络、通信与网络设备、蓝牙网络、传感器网络、存储设备、服务器、操作系统、中间件、数据库系统等。

（二）感知层

感知层是智慧图书馆的"触角"，以环境感知和感知技术进行建设，采用无线射频识别、智能传感器和智能无线定位等先进技术感知物体，采集各种信息。感知信息涵盖智能终端信息、室内环境信息、文献资源信息、用户信息、阅读行为数据、系统运行数据等。其具体应用在RFID感知、二维码感知、人脸识别设备、环境感知（温湿度、烟雾、噪声、照明等）、视频监控、网络监控、智能书架、实时定位、智能阅读终端、其他管理信息系统等。

（三）数据层

数据层（或资源层）包括馆藏大数据（结构化和非结构化数据）、管理服务大数据（读者数据、管理数据、服务数据等）和馆外大数据等。数据层是智慧图书馆的数据信息中心，承担着存储、管理、分析各种信息的重任，为系统应用和管理提供数据服务和决策支持。

（四）平台层

平台层（或应用支撑层）为智慧图书馆提供各类业务接口，包括基础服务、共享服务及应用管理三个方面。这些接口涵盖管理、维护与操作等方面，用以关联用户提出的请求与图书馆提供的服务，并采用一系列先进技术实现图书馆智慧服务泛在化。平台层包括数据中心管理平台、数据交换平台、内容管理平台、门户管理平台、应用整合平台、信息共享平台、阅读推广平台、活动管理平台、统一用户认证平台、统一权限控制平台和统一安全管理平台等。

（五）应用层

通过服务平台集成各种应用系统模块，包括智慧资源系统、智慧管理系统、智慧服务系统、智慧馆员系统、智慧技术系统、智慧感知系统、智慧学习系统、智慧社群系统等。

（六）服务层

服务层连接馆员、读者、合作机构等主体和门户系统、移动端应用等客体。直接面向用户，与读者实现交互，采用各种媒介为读者提供多样化的信息服务，通过交互来实现智慧服务的功能。媒介涵盖互联网服务门户、移动端服务门户、自助设备、人工服务、智能设备客户端等。

二、智慧图书馆的维度理论

　　智慧图书馆的维度理论很好地解释了从智慧图书馆核心要素的角度来构建智慧图书馆的体系架构。本质上，层次理论和维度理论都是基于智慧图书馆建设的核心要素展开的。无论是从层次上还是从维度上分析智慧图书馆建设的体系结构，它们的目标都指向图书馆的智慧环境、智慧资源、智慧技术、智慧管理和智慧服务。谢芳将智慧图书馆的构建概括为物质层面、技术层面和服务层面三个方面，具体涵盖了资源、设备、场馆、技术和服务等方面。物质和技术是开展智慧化服务的基础，凸显智慧服务是智慧图书馆体系结构的核心。智慧图书馆的系统构成无论是"两要素说"（人和物），"三要素说"（资源、人和空间），还是"五要素说"（技术、资源、服务、馆员和读者），都包括"人"这一重要因素。而上述观点是从某一角度来阐述如何构建智慧图书馆，却忽视了"人"是智慧图书馆的核心要素之一。智慧服务成为智慧图书馆有别于传统图书馆和数字图书馆形态的显著标识。物联网是基础和联系纽带，通过物联网实现智慧化的服务和管理。以物联网为基础，智慧图书馆是技术、资源、服务、馆员和读者多层面有机结合的智慧协同体。

　　智慧图书馆的终极目标是搭建深度感知的智慧技术体系，建成优质高效的智慧服务体系，培育一支素质过硬的智慧馆员队伍，创建一批研学驱动的智慧读者群体。因此，综合以上观点，以及参照智慧图书馆的要素理论，笔者认为，智慧图书馆体系结构包含智慧场馆体系、智慧资源体系、智慧技术体系、智慧服务体系、智慧管理体系和智慧人才体系等。

（一）智慧场馆体系

场馆为智慧图书馆的服务提供了硬件保障。智慧场馆体系是将节能环保的科技成果引入图书馆设计，采用各种传感设备监测场馆内的温度、湿度和光线强弱等，并将监测数据实时回传至场馆控制系统。图书馆纳入统一控制系统平台进行智慧化管理，实现为读者提供舒适、安全、高效的阅读环境，为读者构建智慧化、人性化、舒适化、绿色低碳的图书馆建筑空间。引入新兴技术的图书馆通过各种传感器实时获取各种环境数据，并可全天候调节室内温度、湿度和照明等，降低了馆舍建筑的整体能耗。同时，智慧图书馆场馆内采用新兴技术和提供大量的智能设备，满足了读者的学习、科研和社交等个性化、多样化的需求，颠覆了读者对学习和阅读的刻板印象，为其带来耳目一新的感受，丰富了读者的阅读体验。

（二）智慧资源体系

智慧图书馆的资源体系主要包括馆藏资源（纸质资源、电子资源和数字化资源）、馆外资源（共享资源、免费资源、网络资源导航和开放获取资源等）、数据资源（环境数据、运行数据、管理数据和读者行为数据等）和设备设施资源（智能感知设备、自助借还设备、多媒体展示设备和电子阅读设备等）。智慧图书馆的资源体系具有全面化、智能化、个性化、协同化、开放化和数据驱动等特点。智慧资源体系涵盖了图书馆的各类资源，可以为读者提供全面的学习和研究支持。智慧图书馆实现馆藏资源的全面数字化，提高资源的可利用性和可共享性；对馆藏文献资源进行深层次的组织、关联与整合，采用智能化技术实现馆藏文献资源的智能化识别、查找、定位、跟踪、分类和优化；通过个性化推荐、个性化服务等方式，满足读者的个性化需求，通过协同平台实现资源的高效整合和协同开发，通过开放获取、开放数据等方式，促进资源的共享和开放利用；利用大数据分析等技术手段挖掘和分析图书馆各类数据，为图书馆的管理和决策提供支持。智慧资源体系以读者需求为导向，以数字化和网络化为基础，以智慧化为目标，为读者提供智能化、个性化、高效化、协同化、泛在化服务的一种新型资源体系，有利于进一步提高图书馆的服务质量和水平。

（三）智慧技术体系

智慧技术体系是指智慧图书馆以提升图书馆管理服务水平和效率为目标，在建设、管理、服务过程中所采用的信息技术和智慧技术，实现图书馆的智慧化管理和服务。智慧技术体系采用物联网技术、云计算技术、人工智能技术、大数据技术、区块链技术、虚拟现实技术、实时定位技术、局域网技术、通信技术和网络安全技术等，将物联网、移动互联网、大数据、云计算等新一代信息技术与图书馆业务需求深度融合，实现为读者提供更加便捷、高效、智能化的阅读服务，更加舒适、安全的阅读环境以及更加新颖、个性化的阅读体验。总之，智慧图书馆的智慧技术体系是实现图书馆智慧化管理和服务的重要支撑。

（四）智慧服务体系

图书馆智慧服务体系关键组成包括智慧服务平台、自助服务系统（自助借还系统、自助查询、智能客服、座位预约、自助导览系统等）、个性化服务（个性化推荐等）、移动服务（移动图书馆 App、微信公众号等）、学科服务（学科导航、定题服务、查收查引等）、读者社群服务等。智慧服务体系包括人工服务、空间服务、智慧门户、搜索引擎和大数据仓储、学科服务、专家系统、大数据统计分析、读者文献服务和推送平台等，实现资源和服务融合、数据汇集、协同感知及泛在聚合，提供读者高效、便捷的文献获取服务。个性化服务是利用大数据分析技术对读者的信息行为进行系统研究和数据挖掘，深刻把握潜在的文献需求，开展即时性、个性化、专业化的信息服务和文献推送服务，满足读者的多元化需求，提高读者的服务体验。学科服务以往只是针对学科的科研团队开展服务，服务是被动的和低效率的。智慧图书馆开展的学科服务，是基于智慧资源体系和智慧服务体系的，可以将学科服务扩大面向全校师生，提供自助式、智慧化、个性化、泛在化的学科服务。总之，图书馆的智慧服务体系是具有持续创新能力，以读者需求为导向，利用信息技术和智能化手段构建的高效、便捷、个性化的服务体系，旨在提升图书馆的服务水平和质量。

（五）智慧管理体系

智慧管理体系为图书馆的高效运营提供支撑。智慧化管理体现在对读者、馆员、文献、环境和空间座位以及智能终端的管理，方便管理者随时了解图书馆的运行情况并进行相应调整，最终能够实现无人自主管理。智慧管理体系结合图书馆的业务需求，综合应用传感器技术、RFID 技术、二维码技术、人脸识别、图像识别、实时定位等信息技术，实现对图书、文献、书架、空间、环境、读者和馆员的综合识别，实现图书馆业务管理的智慧化。智慧管理体系引入多种智能化设备，实现智能编目、自助借还、智能书架、智能分拣、智能盘点、自助查询、智能门禁、实时定位等功能。总之，智慧管理体系实现了图书馆的自动化、智能化、智慧化运营，提高了图书馆的管理服务水平和效率，促进了图书馆的创新和发展。

（六）智慧人才体系

智慧人才体系是指图书馆培养或拥有一批能适应图书馆业务发展变化和需求的专业化、多元化、创新型、复合型的人才队伍。他们具备专业知识、跨学科背景、协作精神和创新思维，能够为读者提供高质量、专业化的服务，能够为图书馆的发展提供新思路、新方法，能够推动图书馆的现代化建设和智慧化发展。智慧人才体系包括学科馆员、参考咨询馆员、阅读推广馆员、大数据分析人才、信息技术人才和管理人才等。学科馆员是具有学科背景、学术研究能力和丰富实践经验的学科专家，能够为读者提供深度的学术咨询、学科导航和科研支持。参考咨询馆员具备较强信息素养、跨学科背景和沟通能力，能够为读者提供专业、及时、准确的全天候、全方位的参考咨询服务。阅读推广馆员具有策划组织、营销和创新思维能力，他们能够通过策划和实施各种阅读推广活动，吸引更多的读者走进图书馆、利用图书馆的资源和服务。大数据分析人才具有数据分析、数据挖掘能力，能够通过分析读者的行为数据、借阅数据等，为图书馆的管理和决策提供支持。信息技术人才掌握新信息技术，推动图书馆的信息化和智慧化发展。管理人才具有科学管理能力和战略眼光，能够为图书馆提供有效的管理和决策支持，推动图书馆的现代化建设和可持续发展。总之，图书馆的智慧人才体系是推动图书馆现代化建设和智慧化发展的重要支撑，是以图书馆业务需求为导向构建的专业人才队伍，旨在为读者提供更优质、高效、便捷的服务体验，推动图书馆事业的可持续发展。

三、智慧图书馆的框架模型实例

智慧图书馆不仅是图书馆发展的新形态，也是面向未来的图书馆发展的新理念。图书馆应用智慧化技术手段为读者提供更加高效便捷的获取信息的方式，主动为读者提供更加专业、精准的知识信息服务，进一步提高图书馆的管理水平和服务效率，最终服务于智慧社会的建设与发展。近年来，关于智慧图书馆的研究、实践日渐深入，聚焦在广泛应用5G、物联网、大数据、云计算、区块链、数字孪生、元宇宙等新技术，大力提升图书馆在知识信息的组织、加工、存储、传播、服务等方面的智慧化能力。伴随着智慧理念的践行和智慧型社会的发展，国内外智慧图书馆建设已从理论探讨、系统开发转到应用实践。目前，国内很多图书馆都进行了智慧图书馆建设的研究和规划，已经开始了智慧化转型的理论和实践探索。但是，全国层面的智慧图书馆建设整体顶层设计和宏观规划尚显薄弱。

（一）国家图书馆提出的全国智慧图书馆体系框架

中国国家图书馆曾经组织实施"国家数字图书馆工程""数字图书馆推广工程"，推动了我国图书馆事业由传统向数字化转型。2020年，面对智慧化发展的新需求，国家图书馆提出了建设面向未来的"全国智慧图书馆体系"，推动实现全国图书馆空间、资源、服务、管理等的全面智慧化升级。同时，邀请学界和业界的专家经过多次研讨和深入论证，广泛征求意见和反复修改完善，确定了"全国智慧图书馆体系"建设的总体思路、内容架构、目标愿景等。

1.关于智慧图书馆特征的认识和理解

智慧图书馆具有四个特征：图书馆业务的全流程智慧化管理、知识资源的全网立体集成、知识服务生态链条的全域连通、学习阅读空间的线上线下虚实交互。

（1）图书馆业务的全流程智慧化管理。全流程智慧化管理是指图书馆整个业务流程环节中普遍采用了智慧化的技术，对图书馆业务内容、业务架构进行全面的智慧化重组，实现文献信息全生命周期的自动化、一体化管理。图书馆员也从简单烦琐的事务性劳动中解脱出来，从事服务于更高层次的专业知识信息需求。在图书采访环节提供读者图书荐购，根据读者的需求来采访读者急需的图书，实现了图书采访的智慧化。在读者信息服务环节，通过对读者的检索历史数据和借阅历史数据等进行数据分析和挖掘，分析出读者潜在的需求，并针对性地开展服务工作，满足读者的个性化需求，实现读者服务的智慧化。

（2）知识资源的全网立体集成。图书馆资源建设不再局限于业界的共享，而是实现对网络原生、个人创作、开放获取等多种资源的集成管理，形成覆盖全网的立体化知识资源体系。通过利用智慧化的技术，将各种类型、形态的资源，如图书、期刊、学位论文、专利、标准、年鉴、图片、音视频等，通过互联网进行立体融合，形成一个综合的知识服务体系。最终，实现资源层面的相互关联和融合，实现跨时空、跨地区、跨行业的知识共享与传播，更加有效地提高知识服务的效率和质量。

（3）知识服务生态链条的全域连通。宏观层面，知识服务生态链条的全域连通是指图书馆提供的知识信息服务将进一步向知识生产、传播、消费等全生态链条延伸，使社会知识活动中的不同角色都能够在图书馆得到供需适配的支持和服务。将图书馆、博物馆、档案馆等各种知识服务机构的数据资源进行关联整合，实现跨平台跨领域的知识共享与传播，以提高知识服务的效率和质量，使用户能够更加便捷地获取所需的知识资源。微观层面，知识服务生态链条的全域连通是指在信息资源建设的全过程，包括资源采访、信息组织、信息描述等，以满足用户的知识需求为出发点，以读者的角度而不是图书馆管理者的角度进行信息资源建设和知识的开发、揭示。这样可以构建更高效的知识服务平台，提供更精准的知识服务。知识服务生态链条的全域连通也可以通过细颗粒度的数据分组来实现有效的知识共享与传播。

（4）学习阅读空间的线上线下虚实交互。智慧图书馆基于对读者需求的挖掘分析，充分利用图书馆的资源、空间和设施等，针对各类学习阅读场景为读者量身定制个性化的解决方案，为读者提供无感化、智慧化的支持与服务。通过虚拟现实、增强现实等新信息技术手段，将线上和线下的学习阅读空间进行融合，实现真实与虚拟的交互体验，使读者获得沉浸式的全景立体的阅读学习体验，提高读者学习的效果和兴趣。

2.关于"全国智慧图书馆体系"建设的总体思路

"全国智慧图书馆体系"的总体架构采用"1+3+N"模式，如图4-2所示。

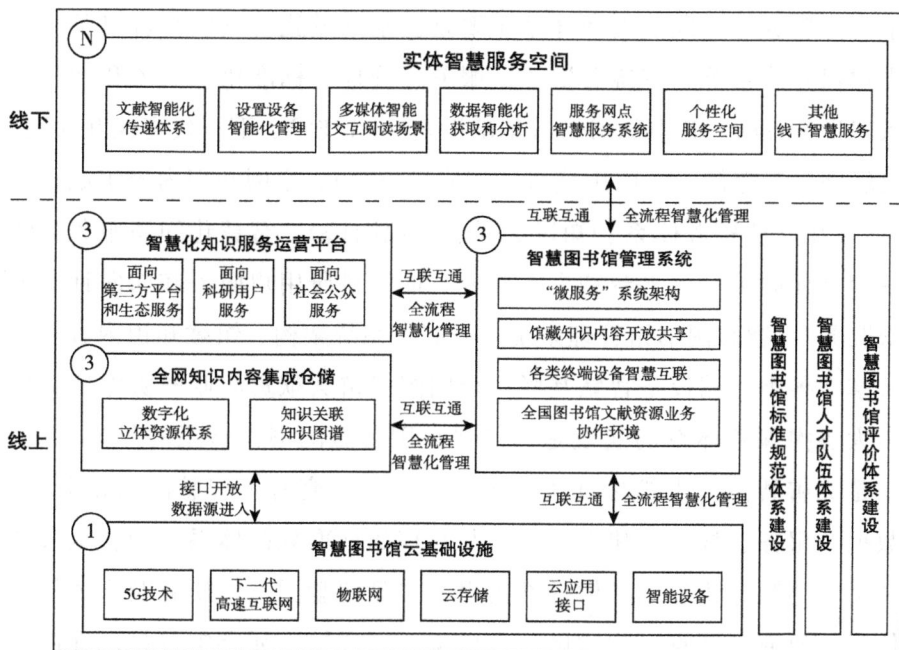

图4-2 "全国智慧图书馆体系"建设项目框架

这样一种体系结构体现出智慧图书馆的形态特征和智慧性。"1"是指一个云基础设施，即"云上智慧图书馆"，将图书馆的业务数据存放在公有云上，提供给区域内的图书馆共享访问使用，各图书馆可以不再单独组网和搭建系统，实现高度集成化的运行管理。"3"是指搭载其上的三个平台，内容平台（资源平台）、管理平台和服务平台，即全网知识内容集成仓储、全国智慧图书馆管理系统和全域智慧化知识服务运营环境。"N"是指N个不同的智慧化应用场景，在全国各级图书馆及其基层服务点建设各种线下智慧服务空间。

"全国智慧图书馆体系"可分为线下空间体系和线上空间体系两个部分。线下空间体系主要是指实体智慧服务空间，包括文献智能化传递体系、设施设备的智能化管理、多媒体智能交互阅读场景、数据智能化获取和分析、服务网点智慧服务系统、个性化服务空间和其他线下智慧服务等。线上空间体系主要是云基础设施、三大平台以及三大支撑保障体系等，围绕着资源、服务、管理、标准化、人才和评价体系建设等方面。智慧图书馆云基础设施（5G技术、下一代高速互联网、物联网、云存储、云应用接口、智能设备等）、全网知识内容集成仓储（数字化立体资源体系、知识关联、知识图谱）、智慧化知识服务运营平台（面向第三方平台和生态服务、面向科研用户服务和面向社会公众服务）、智慧图书馆管理系统（微服务系统架构、馆藏知识内容开放共享、各类终端设备智慧互联、全国图书馆文献资源业务协作环境）。三大支撑保障体系的建设是为确保全国智慧图书馆体系的科学发展。一是完善智慧图书馆标准规范体系，建立一套有关智慧图书馆业务、数据、服务、技术的建设、维护与管理的标准规范体系，为各级公共图书馆的智慧化建设提供标准支撑。二是智慧图书馆研究及人才培养体系，研究云计算、物联网、大数据、区块链、元宇宙等技术在图书馆领域的应用，以及如何通过智能化手段优化图书馆的服务、管理和运营，探索智慧图书馆的建设模式、服务模式、管理模式等；同时在人才培养方面，智慧图书馆的建设和运营需要一批具备信息技术、图书馆学、情报学等多学科知识的创新型人才。着力培养一支包括学科馆员、数据馆员、情报分析专家、知识产权专家、智库专家等一批新型人才队伍，实现对智慧图书馆的可持续支持。三是智慧图书馆评价体系，是用于评估智慧图书馆建设和管理服务水平的一套指标体系。智慧图书馆评价体系通常包括资源建设评价、技术应用评价、服务创新评价及管理效能评价等几个方面。对图书馆智慧化管理运行效率及智慧服务效能等进行科学立体评价，为智慧图书馆体系的持续更新和资金投入的优化配置提供决策支撑。

"全国智慧图书馆体系"建设的总体思路中，国家图书馆负责统筹实施"云上智慧图书馆"基础设施建设、智慧图书馆管理系统开发和智慧化知识服务运营环境的搭建。各级地方图书馆主要负责结合本馆建设、管理和服务需要，对自身场馆空间及线下设备进行智慧化升级与改造，以及开展本地化、特色化资源和服务的建设开发和运营管理。各级地方图书馆在国家图书馆统筹协调下，进行线上服务联动等，共同参与全国智慧图书馆体系的内容建设与服务。

（二）超星智慧图书馆体系架构

超星是国内较早推出智慧图书馆管理服务平台的厂商，也是目前国内为数不多的能够提供完整建设方案的服务商。超星公司综合国内各家智慧图书馆的建设内容，提出基于微服务架构的完整的智慧图书馆体系设计，如图4-3所示。

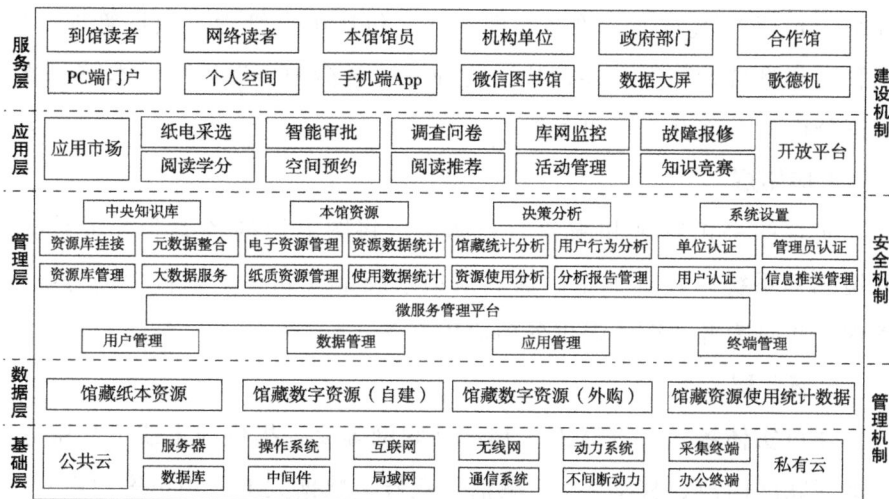

图4-3 "超星智慧图书馆"平台架构

超星智慧图书馆整体架构分为基础层、数据层、管理层、应用层和服务层，作为体系架构的核心微服务平台位于管理层。

1.基础层

提供支撑智慧图书馆的网络环境和基础设备设施，包括互联网、局域网、无线网、通信系统、动力系统、服务器、操作系统、数据库、中间件、办公终端、采集终端等。通过公有云和私有云构建起整个系统的基础支撑。

2.数据层

智慧图书馆的数据资源中心，包括馆藏资源和使用统计数据。从来源和载体类型上可以将馆藏数据分为自建的馆藏数字资源、外购的馆藏数字资源和馆藏纸本资源等。馆藏资源使用统计数据包括读者数据和馆内资源使用数据等。

3.管理层

管理层包括各种管理系统和微服务管理平台两个层次。微服务管理平台是智慧图书馆的数据管理中枢，包括用户管理、数据管理、应用管理和终端管理等功能模块。管理系统包括中央知识库、本馆资源、决策分析和系统设置等四大类。

4.应用层

实现图书馆管理和服务的一体化。将图书馆的各类业务子系统、环境感知系统以及其他基础数据采集系统集成到一个平台中进行统一管理，并向读者和馆员提供各项应用服务。

5.服务层

通过实体场馆、互联网、移动互联网等途径提供线上线下的服务，借助互联网门户、移动 App、微信公众号、数据大屏、馆员客户端、联盟平台等通道，面向到馆读者、网络读者、本馆馆员、机构单位、政府部门和合作馆等提供各类专业化服务，满足不同用户对象的需要。

智慧图书馆的建设需要完备的功能设计，详尽的实施规划和配套的机制保障，如建设机制、安全机制、管理机制等。通过配套机制的保障，让智慧图书馆实现不断完善、可持续性的建设发展。

（三）宁波图书馆智慧新馆的建设框架

宁波图书馆智慧新馆的建设框架，如图4-4所示，基于一般意义上的"基础层、感知层、数据层、应用层"四层结构进行扩展，分成了"载体层、基础支撑层、感知层、数据资源层、应用支撑层、应用层、服务层"七层进行设计。

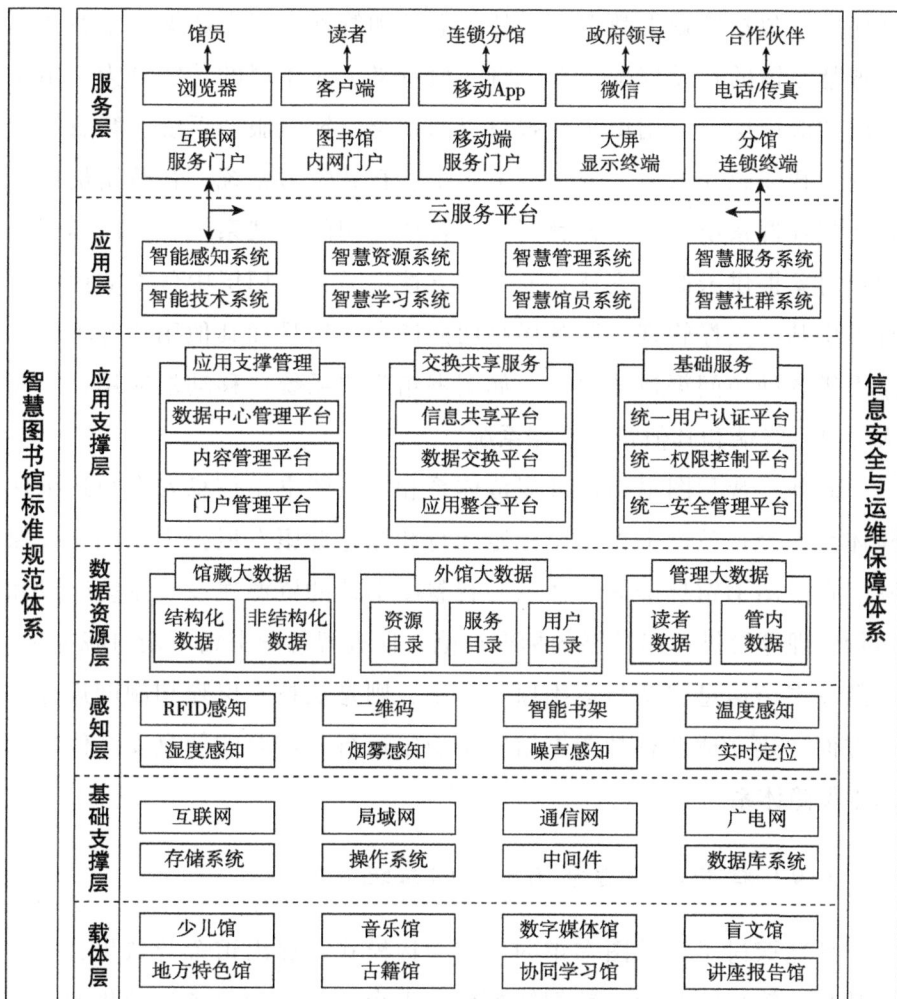

图4-4 宁波图书馆智慧新馆的建设框架

载体层表现为智慧图书馆的各种物理空间和功能载体。基础支撑层将传输层的功能纳入其中，负责为智慧图书馆的运行提供网络传输系统、软硬件基础设施支撑，具体涵盖互联网、有线无线局域网和其他通信网络以及服务器、存储设备、操作系统、中间件和数据库系统等软硬件基础设施。感知层为智慧图书馆运行提供环境、空间感知和数据采集等。数据资源层即数据层，是智慧图书馆的大数据中心或数据底座，包括馆藏大数据、馆外大数据和管理运行大数据。宁波图书馆智慧新馆的建设框架体系中将一般意义上应用层的功能分为应用支撑层和应用层。应用层包括智慧资源系统、智慧服务系统、智慧管理系统、智能感知系统、智慧技术系统、智慧学习系统、智慧馆员系统和智慧社群系统。它是智慧图书馆各项应用的承载系统，面向不同的用户对象提供云服务支持。而应用支撑层是为应用层中各类应用的运行提供基础支撑管理。服务层是面向读者、馆员和其他用户等不同对象提供各种访问渠道或途径。如图书馆门户系统、移动端应用、智能大屏显示终端和其他智能终端系统。

此外，智慧图书馆标准规范体系和智慧图书馆信息安全与运维保障体系，为智慧图书馆安全稳定运行和绿色健康发展提供基础支撑保障。智慧图书馆标准规范体系为智慧图书馆的资源建设、系统建设和运行管理等提供可以遵循的标准规范，促进智慧图书馆不断自我完善。智慧图书馆信息安全与运维保障体系，则是从技术保障和制度规范两个方面，建立适合智慧图书馆安全稳定运行所需要的信息安全体系和运维保障体系。

（四）杜亮的"智慧图书馆的系统架构"

杜亮探讨了智慧图书馆的系统架构模式，提出馆舍智慧化、空间智慧化、管理智慧化、数据智慧化、平台智慧化和服务智慧化的"六位一体"的智慧图书馆发展策略。杜亮的智慧图书馆系统架构分为感知层、传输层、数据层、平台层和服务层五个逻辑层次，如图4-6所示。感知层是利用RFID、智能传感器、GPS定位、视频监控、网络监控等技术实现对资源、设备、读者以及馆舍空间环境等信息的采集。传输层利用光纤线路、无线网络、蓝牙网络以及通信网络设备等传输途径，将各类感知设备采集到的数据安全、准确地传输至大数据中心。数据层负责集中存储、管理、分析、挖掘馆藏数据、用户数据和管理数据等各类结构化、非结构化的大数据，为图书馆提供应用数据服务和管理决策支持。平台层为智慧图书馆提供各种业务系统的操作、管理、维护等接口，实现数据管理、数据交换、内容管理、门户管理、安全管理、权限控制等，能够实现智慧图书馆服务的一体化、泛在化。服务层是通过图书馆各种智能感知设备、自助服务设备、智慧阅读设备、人工服务、门户网站、移动终端App以及其他终端等途径，为读者提供个性化、人性化、智慧化的信息服务。

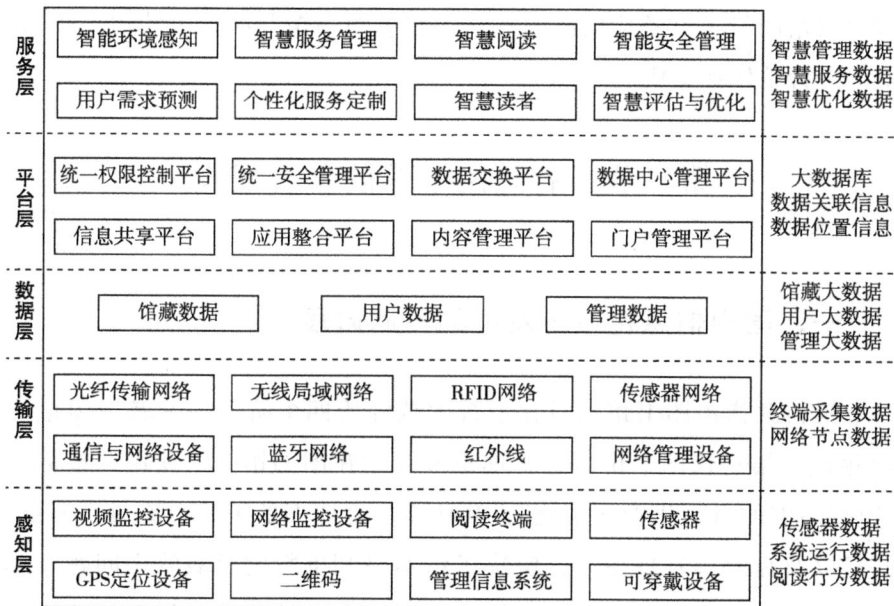

图4-5 杜亮的"智慧图书馆系统架构"

综上所述，智慧图书馆的建设是一个庞大的系统工程，包括基础设施建设、空间环境建设、智能化设备、资源建设、平台建设、系统集成、数据集成、管理能力提升、服务能力提升、馆员业务能力建设、网络信息安全和评价考核指标体系等诸多方面。智慧图书馆的建设强调的是各个环节的协调发展，协调发展是实现融合的前提，在智慧图书馆基础设施的建设过程中，管理水平也要随之相应提高，管理水平的提高考验的是馆员的个人能力和团队协作能力。在投入更多新技术、新设备的同时，也考验智慧馆员的业务水平和服务能力。在智慧服务方面，一是需要将各种资源和数据进行融合集成，二是要实现资源和数据的科学细分和深度揭示。为了实现互联互通和深度融合，需要重构图书馆业务流程和组织架构，充分融合技术、人员、空间、资源等，构建智慧图书馆生态系统。智慧图书馆的建设需要有与之相适应相契合的新技术、新系统、新应用、新设备设施为基础。如今，部分中小型图书馆的设施设备比较陈旧，与"智慧图书馆"所需条件相差较远，亟待进行整体性迭代。

第二节　智慧图书馆的平台建设

一、国内信息化系统发展的不同阶段

杨新涯指出图书馆信息化系统大致经历四个阶段的发展。20世纪80年代，第一代图书馆信息管理系统开始在图书馆投入使用，被称为"馆藏图书的自动化管理系统"，其功能包括图书的采访、流通、编目、典藏以及盘存等管理模块，解决了纸本书刊资料的馆藏管理问题。90年代中后期，伴随着互联网的快速发展，图书馆信息化管理系统将图书馆的纸电资源、搜索引擎、多媒体资源集成在一个大系统中，其应

用逐步拓展到互联网上。因此，第二代基于互联网技术的信息管理系统被称为"图书馆集成管理信息系统"。90年代末，随着数字技术的发展，全国图书馆界掀起建设数字图书馆的热潮，图书馆信息管理系统需要能有效地支撑各种数字资源。因此，第三代图书馆信息管理系统被称为"数据驱动的全面信息化管理系统"。第一代和第二代信息管理系统主要是解决馆藏图书资料的管理问题，并没有涉及图书馆服务体系的形成。目前，图书馆的信息管理系统的核心仍然是针对文献资源的管理，而图书馆的管理与服务依然是由数据商和系统服务商所提供的不同的软件应用之上的简单叠加。如何构建一个一体化的管理与服务系统，将所有的数据有效集成，并实现基于数据的驱动以及进行数据分析、数据计算等，即数据驱动的全面信息化系统。第四代系统被称为"人工智能牵引的智慧管理系统"或"智慧管理服务平台"，简称智慧平台，其能够适应读者需求的变化，为读者提供更便捷、更精准、更高质量的管理与服务，并且能不断迭代和自我演化。信息系统的集成化管理是智慧图书馆平台建设的主要内容之一，通过最新的信息技术对图书馆的网络设施、信息化设备、业务系统和管理系统进行统一规划，促进信息系统的集成管理和自动化开放运营。

现今，基于纸本资源构建的传统的集成图书馆管理系统（ILS）越来越显现出弊端和不足之处。在图书馆业务发展的实际需求下，下一代图书馆管理系统或下一代图书馆服务平台的呼声越来越强。不管是数字图书馆、复合图书馆、智慧图书馆或元宇宙图书馆，图书馆自动化服务平台都是图书馆建设的核心，都属于图书馆信息化的范畴，但是它们建设的侧重点有所不同。目前，高校图书馆信息系统有很多，如纸质文献管理服务系统、中外文电子文献资源库、读者服务系统、办公OA系统、资产管理系统、门禁服务系统、考勤管理系统、楼宇管理系统、WEB门户网站系统、移动图书馆系统、微信图书馆系统、微博系统等，在大规模和复杂的应用环境中，秉持一体化的发展理念使得分散的、各自独立的系统通过统一接口进行整合，消除不同系统之间的边界限制，确保服务高效便捷、无缝数据共享符合技术发展的主流。从纸电合一的元数据管理、用户需求驱动的多屏互动的服务门户、互联互通和高度共享的图书馆服务联盟等方面出发，构建以读者需求驱动的新一代的智慧图书馆平台，实现高效、便捷、精准的服务。

二、智慧图书馆服务平台的建设

（一）平台的概念

2012年，自动化系统的专家 Marshall Breeding 提出了图书馆服务平台（Library Services Platforms，LSP）的概念。LSP 的技术架构为面向服务的平台化的软件服务系统，可通过平台的 API 接口实现与其他系统的连接以及动态数据交互等。LSP 是在传统图书馆自动化集成管理系统（Integrated Library System，ILS）上扩展了对电子资源、数字资源的管理，实现全资源管理。通过采用云计算等最新信息技术进行 LSP 系统部署，实现了云服务。LSP 是一种全新的软件架构。它与图书馆传统软件系统的单体架构不同，即 ILS 是以馆藏资源和业务流程作为管理对象，主要解决图书馆管理的问题，而 LSP 是以用户的信息需求为目标，解决个性化与智慧化服务的问题。

（二）LSP 的国外应用实践

国外很早就开始了下一代图书馆服务平台（Next Generation Library Services Platforms）的研究与建设。一些系统软件，如 Innovative Interfaces 公司的 Sierra 产品是在原有 ILS 的基础上扩展新的功能。而 ExLibris 的 ALMA、OCLC 的 WorldShare Management Services（WMS）、ProQuest 旗下 Serials Solutions 公司的 Intota 等则是基于 SOA 架构的下一代图书馆服

务平台。另外，一些组织以多方协作的模式开发了下一代开源的图书馆管理系统，如 Kuali 的 Open Library Environment（OLE）。近年来，基于云平台的微服务架构的系统软件为图书馆提供了可行的技术实现方案，即一个可伸缩、可扩展、可持续改进迭代的图书馆服务平台。

2008 年 8 月，美国安德鲁·W·梅隆基金会（Andrew W. Mellon）资助开发下一代的开源图书馆系统（Open Library Environment，简称 OLE 项目）。后来，该基金会与 Kuali 基金会合作改名为 Kuali OLE 项目。美国印第安纳大学、杜克大学等多所高校以及伦敦图书馆协会等共 200 多家图书馆、教育机构、专业组织和企业参与了 OLE 项目。该项目试图开发一种模块化的面向服务架构的开放式的下一代图书馆服务平台。2013 年，Kuali 基金会与 EBSCO 合作改善 Kuali OLE 的发现功能。EBSCO 为 Kuali OLE 提供其专业的无缝集成发现服务，以增强印刷资源和电子资源的访问。

2016 年，EBSCO 依托 OLE 和多个学术图书馆合作，共同发起 FOLIO（The Future of Libraries is Open）的项目开发。FOLIO 是由开放图书馆基金会（Open Library Foundation，OLF）主办，EBSCO 公司提供经费支持，依托 OLE 社区协同图书馆、服务供应商以及开发人员携手通过开源项目来重新定义图书馆自动化系统。它是基于下一代图书馆服务平台理念设立的一个采用 Apache2.0 开源协议的开源项目。FOLIO 为图书馆提供了新的选择，它利用开源应用程序，以社区协作为导向，立足现有的图书馆业务，创建可持续的现代技术生态系统。馆员作为主题专家贡献他们的专业知识，开发商根据主题专家的意见创建平台及其模块，供应商将为项目提供实施、托管和支持服务。FOLIO 被设计为模块化环境，将资源管理和发现作为不同的功能区域。FOLIO 的社区驱动模式也使图书馆从一个图书馆系统产品消费者转型成为产品设计者，参与图书馆服务平台的设计中，这将会彻底改变图书馆、服务提供商以及技术开发人员之间的行业生态。FOLIO 平台主要具有模块化、灵活性和扩展性的三大特性。

（三）LSP 的国内建设情况

下一代图书馆服务平台，这个概念在国内图情界的热度持续不减。关于 LSP，业界谈论最多的是 ExLibris 的 ALMA、Sierra、FOLIO，CALIS 的 CLSP 和图星的 NLSP。在国内，大家熟知的国外比较成熟的产品或框架是 ALMA、Sierra 和 FOLIO。华中科技大学图书馆率先引入 Innovative 公司的 Sierra 产品，成为国内首个购买国外 LSP 产品的图书馆。之后，北京师范大学图书馆、清华大学图书馆、中国科学院高能物理研究所、南方科技大学、香港中文大学（深圳）图书馆相继选择 ALMA 作为其下一代图书馆服务平台。但是国外产品因价格高和本土化困难两个因素的制约，决定了难以在国内图书馆中普遍推广。虽然以上系统商在系统的开发与维护过程中注重国内高校和公共图书馆的业务需求，但是系统与数据开发商对数据库和系统的垄断，使得国内图书馆无法参与系统开发过程。同时，对于依赖系统商做系统远程维护的国内图书馆，在更新、升级、扩展业务范围时面临大量问题。

国内的下一代图书馆管理与服务平台的开发，主要存在两种开发模式：第一种是图书馆参与的商业化模式，图书馆和软件公司合作共建开发下一代系统服务平台。商业化的发展模式较成熟，开发高效且成熟度较高。第二种是以 FOLIO 为代表的开源模式，图书馆、系统商和数据库商共同参与，以开放社区为开发平台合作推动 LSP 落地。要想让下一代图书馆管理与服务平台健康稳定发展，还需要借鉴互联网思维来构建绿色可持续发展的模式。下一代平台以微服务技术架构构建可持续发展平台，以中央知识库作为核心，以此为基础扩展平台。

FOLIO 项目一经发布就受到国内图书馆界的关注，受到了国内一些图书馆和联盟的青睐。国内 FOLIO 支持者包括上海图书馆、上海交通大学图书馆、重庆大学图书馆、厦门大学图书馆、深圳大学图书馆等，同时吸引了国内一些与图书馆系统相关的商业公司参与其中。国际FOLIO社区的用户以高校图书馆为主，更多关注电子资源管理，不少机构首先采用的模块是ERM。目前，上海图书馆搭建基于FOLIO的下一代图书馆服务平台（云瀚项目）。与国际FOLIO社区对照看，上海图书馆作为公共图书馆，具有很高的流通量和很多的服务点，因而上海图书馆目前主要关注传统采编流，更以流通为第一优先，以取代现有ILS为目标，这也是上海图书馆FOLIO平台极为关注的重点。上海图书馆FOLIO流通系统包含用户、馆藏、借书、还书、费用、预约等应用，VuFind作为纸电合一检索的统一发现入口。上海图书馆项目团队完善了FOLIO流通、VuFind的功能和性能、增强本地化支持，FOLIO流通系统包含上海图书馆和"一卡通"联盟的近4000万馆藏。FOLIO流通系统后续还将为上海市"一卡通"图书馆联盟的所有成员馆提供流通服务。2022年9月，随着上海图书馆东馆的建成正式开放，上海图书馆同步上线了全预约、空间管理、网借、索书、导航导览和机器人等智慧服务模块。上海图书馆FOLIO（云瀚）平台在开发时基于统一的FOLIO技术底座，通过微服务网关与统一的业务后台进行交互。上海图书馆FOLIO团队的另一个目标是维护一套符合国内公共图书馆需求的、免费开源的"中国FOLIO平台"，具备采、编、流等基础通用模块。

为了进一步推动国内基于FOLIO平台的下一代微服务架构图书馆服务平台的开发和应用，加速智慧图书馆应用生态建设，上海图书馆联合上海交通大学图书馆和江苏嘉图网络科技股份有限公司于2021年7月组建成立了智慧图书馆技术应用联盟（云瀚联盟），云瀚也就是FOLIO中国社区。2015年，深圳大学图书馆较早对FOLIO平台展开了深入的研究，目前已完成FOLIO平台的本地化构建，并与深大图书馆新一代管理系统实现了应用对接。2017年，CALIS开始了对FOLIO的架构及核心模块进行研究，将图书馆管理系统的一些功能整合在FOLIO之中，并牵头成立了CLSP建设联盟。CLSP系统研发遵循FOLIO的设计理念和技术架构，底层采用FOLIO的API网关封装系统内部架构。2018年，北京大学、中国人民大学、上海交通大学、深圳大学等高校图书馆联合CALIS组成了智慧图书馆服务平台"4+1"推进核心工作组。随后，伴随着上海图书馆及多家开发商的加入，CALIS又成立"5+1"CLSP建设联盟，建设具有中国特色的LSP平台，培育中国的开源LSP开发群体。

FOLIO在国内的技术普及和推广依然面临很多问题，如国内外图书馆的业务流程不同，使得FOLIO的开源模块无法完全适用。与国外比较，由于ILS厂商的加入，国内在自主研发下一代图书馆服务平台方面虽然起步较晚，但发展迅速。在借鉴了国外同类产品的经验和教训，同时结合我国国情，已经研发出了一些成形产品。2016年，重庆维普公司推出了智慧图书馆数据服务平台DALIB智图。重庆大学图书馆联合维普公司，坚持资源、管理、服务三位一体的理念，实现了纸电一体化的文献元数据管理，并以互联网思维建设了新一代图书馆服务平台。2018年，超星公司发布了超星智慧图书馆平台，数据库内容提供商联合系统平台提供商，对图书馆行业的发展起到极大的推进作用。2019年，南京大学图书馆和江苏图星公司达成战略合作，联合推出了国内第一款本土化自主创新的LSP产品。2020年9月，南京大学图书馆发布了NLSP3.0版本的比较完善的下一代图书馆管理与服务平台，对标国外的ALMA。江苏汇文作为上一代图书馆管理系统的重要提供商，汇文系统是国内应用非常广泛的图书馆管理系统。2019年，汇文公司也推出了下一代图书馆管理服务平台—META图书馆服务平台。然而，国内LSP尚处于起步期，还没有出现学术图书馆联盟领导下的LSP整体迁移。

英国图书馆领域专家Ken Chad认为，图书馆管理系统将会被图书馆技术生态系统取而代之。传统图书馆一直采用各种"模块"来管理各类业务，传统的ILS系统管理纸本资源，而电子资源、机构知识库、数字化存档等则分别由不同的、互相独立的业务系统来管理。下一代图书馆管理系统发展方向是低成本、简单性和安全更可靠的系统平台。平台通过应用接口（API）向其他应用提供服务，使得所应用的一系列软件与平台有共生关系，形成相互依赖的组织和社区"生态系统"。在大规模和复杂的应用环境中，微服务架构的是创建Web应用程序的首选。在Web、API、云服务为基础环境下，LSP为图书馆人留出了开发空间，也为参与者提供更多的数据开放应用接口。智慧图书馆建设是一个生态体系，图书馆系统也是一个综合的技术生态系统。单独的一家软件公司是无法支撑图书馆系统的服务的，必须放在一个大的生态链之中去。图书馆实现数字图书馆向智慧图书馆发展转型，平台是图书馆的业务核心，通过开放的平台才可以去建设各种场景应用的智慧图书馆。国内图书馆应该以新一代管理服务平台的开发为契机，联合各高校和第三方服务供应商形成开发联盟，共享新一代的图书馆管理服务平台开发成果，建设以大学图书馆为主导、开放式、可定制的个性化图书馆管理服务平台。

第三节　智慧图书馆的基础设施和数据底座

智慧图书馆智慧平台的建设属于图书馆的信息化范畴，信息化建设本身就是一个不断演进发展的过程。目前，关于智慧图书馆体系架构的规划建设一直处于探索阶段，还没有形成完全标准化的建设模型。因此，图书馆在智慧图书馆的体系架构设计方面，显然不是统一的、完整的和详尽的。有些图书馆在对智慧图书馆有了基本认知以后，按照自己对于智慧图书馆的不同理解进行了实践探索，先设计一个大体的框架草案，边思考、边研究、边建设、边突破，最终形成一个较为完整的系统框架。智慧图书馆的建设一定是与读者的需求、馆员的能力、图书馆的特色相适应的持续投入的过程。结合自己馆的信息化、数字化基础和自身特色制订一个三至五年的建设方案，并且能够分阶段、分目标去实施，是较稳妥、较科学的一种建设模式。智慧图书馆体系架构是否搭建了完备的资源、管理和服务的体系，是否能够提供人性化、个性化和主动化的服务，成为判断智慧图书馆规划建设方案是否科学合理的标准。

一、智慧图书馆的基础设施

（一）信息化基础设施

信息化基础设施建设是智慧图书馆运行的软硬件基础保障，如同实体图书馆的空间一样。公有云或私有云搭建的存储空间，用于存储图书馆的各种电子资源和数据资源，构建面向未来的图书馆的资源体系。公有云或私有云建设需要硬件设备和网络支撑，涉及光纤网络、有线无线局域网、网络设备、机房、服务器、存储设备、操作系统、中间件和数据库等。智慧图书馆需要有与之相适应、相配套的应用条件，相应的网络环境、机房环境、服务器、存储设备、远程运维以及信息安全体系等。

（二）智能化建筑

智慧场馆或智能化建筑属于智慧空间的范畴。智慧图书馆的基础设施建设也包括智慧空间的建设，对场馆或建筑空间的智能化管理和监控，都属于智慧图书馆的建设内容。智能化建筑建设内容的核心问题，是要实现将图书馆建筑内的管理和监控的数据集中呈交到图书馆的大数据中心，并能有效的存储和开展数据分析。智能化建筑的建设内容包括楼宇集成监控（消防安全、视频监控、人流控制等）、绿色节能、高速网络、信息交互、人脸识别、安全门禁、室内定位、公共安全设备等。实现这些功能需要采用各种传感器设备等相关的智能化设备，并且这些智能化设备都能够向图书馆大数据中心呈交数据，实现数据的实时交互。

二、智慧图书馆的数据底座

智慧图书馆的智慧性的典型特征就是服务的个性化、精细化、智慧化和自主化。对于智慧图书馆而言，构建一个完整的、可以支撑图书馆运行、管理和服务的数据基础体系，即智慧图书馆大数据中心（或数据底座），是智慧图书馆建设的基石。图书馆数据类型包括文献元数据、文献内容数据、读者行为数据、系统运行数据、管理大数据和空间环境大数据等。统一的大数据平台是智慧图书馆建设的基石，可以实现数字文献资源的采购、试用、论证、合同以及运营管理等一系列流程的全生命周期管理。在这样的数据基础上，图书馆依照学科、文献类型等多种类别对每一篇文献、每一个数据库进行资源组织和标引，建立映射关系表。最后，通过智慧门户和面向读者的应用提供服务。大数据平台不仅要将本馆购买的各种数字文献资源的元数据进行收割、实现集中存储和管理，也要收集并保存自己产生的各种数据。文献元数据是关于文献资源的内容和属性的结构化数据，用于描述文献的基本特征、内容、结构以及它们之间的关系。这些数据可以帮助读者更有效地查找、评估和使用文献资源。文献元数据通常包括文献描述性信息（如标题、摘要、作者等）、结构化信息（如章节、段落等）和管理性信息（如访问权限、版权信息等）等。长期以来图书馆围绕文献开展基于MARC元数据的编目工作，然而，文献内容中的知识才是读者更需要的。目前，智慧图书馆基于文献内容的数据化是有所欠缺的。对文献中知识进行管理，以及抽取出文献中的实体并深入内容进行标引，是智慧图书馆需要解决的问题。利用数字技术收集并对文献内容自动识别，将文献内容的实体抽取出来建立逻辑关系，构建出一个标准的、完整的各类文献的知识图谱。针对读者提出的需求，大数据中心会向他推送与知识图谱相关联的知识，实现面向读者的基于全文内容的个性化、精准化的知识服务。

智慧图书馆强调的个性化、精准化和主动化的服务模式，是基于对读者行为、需求特征的精准捕捉和科学分析。这些都依赖于智慧图书馆完整的数据体系的支撑，在智慧图书馆的数据体系里，读者的行为数据是其中一个重要的组成部分。收集读者的行为数据，包括读者的注册信息、检索记录、借阅日志、访问日志、评价反馈等，这些数据可以反映读者的行为特征和兴趣爱好。对这些数据进行归纳分析，可以对每一位读者的需求特征进行精准的人物画像。将文献数据与读者画像进行匹配，构建面向读者的主动推送模型，为图书馆提供个性化服务和精准化推荐提供决策依据。智慧图书馆的系统运行数据是指各种信息系统在运行过程中产生的多种数据，通常包括资源利用数据、设备运行数据、系统访问服务数据等，这些数据可以反映图书馆的运行状态、读者使用情况、资源利用情况和服务效率等。通过对系统运行数据进行科学分析，可以为图书馆的日常管理和优化服务提供依据，也可以为图书馆的科学研究和决策提供支持。智慧图书馆的空间环境数据是指在图书馆的物理空间环境中收集的各种数据，这些数据可以反映图书馆的空间利用情况、环境舒适度、安全状况等。常见的数据类型包括室内环境数据、室内能耗数据、空间布局数据、空间使用数据、人流统计数据、安全监控数据等。通过对智慧图书馆的空间环境数据进行收集和分析，图书馆可以更好地了解空间利用情况、环境舒适度、安全状况等，为图书馆的空间规划、环境优化、安全管理等提供决策支持，提高图书馆的服务质量和运行效率。智慧图书馆的管理大数据是指图书馆在运行过程中，通过信息技术手段收集、整理和分析的各类管理相关数据。这些数据涵盖财务数据、人力资源数据、资源建设数据、读者服务数据以及运营管理数据等方面，借助先进的信息技术手段对这些数据进行深入挖掘和利用，为图书馆的服务优化创新、科学决策和精细化管理提供了有力支持。

第四节　智慧图书馆的建设模式和实践

智慧社会的发展对图书馆的建设提出了更高的要求，作为未来图书馆的新形态，关于智慧图书馆的理念与实践给图书馆界带来了无限憧憬和发展机会，成为国内外图书馆创新变革、转型升级和可持续发展的新的驱动力。智慧图书馆是一个生态体系，其建设要善于借用社会力量、外部资源，以多维合作模式推进需求与智慧化服务深度融合，满足用户日益增长的多样化、高层次、高质量的服务需求。

一、智慧图书馆的建设模式

（一）馆际合作

馆际合作是指图书馆与图书馆之间进行合作，联合建设智慧图书馆。上海图书馆与苏州图书馆开展馆际合作，开启沪苏公共图书馆服务"双城记"。苏州图书馆加入了上海市图书馆行业协会 FOLIO 技术及应用联盟（云瀚联盟）和复旦—阿法迪共建智慧图书馆学术研究中心，参与开发 FOLIO 系统、联合开展智慧图书馆学术研究及应用体系建设，并主动承接科技成果转化。通过规划共绘、服务共联、行业共构、产品共兴、品牌共推、环境共建、发展共谋、开放共助、社会共享、机制共创等，实现沪苏公共图书馆共建共享，实现书目数据共享一体化、阅读推广活动一体化。

（二）馆企合作

2019年，中国国家图书馆与华为全面合作成立了"国家图书馆华为联合创新实验室"，共同探索公共文化服务中的智慧技术运用，推动数字技术在图书馆与公共文化服务中的创新应用，打造智慧数字图书馆新业态。2020年，复旦大学和上海阿法迪智能标签系统技术有限公司联合创建了"复旦—阿法迪共建智慧图书馆学研究中心"。研究中心采用产学研合作模式，设立以"智慧图书馆学"命名的图书馆学科，开创国内先河，这对于国内外智慧图书馆的建设和发展具有重要意义。

江西省图书馆新馆与阿里云公司、江西联通公司合作建设省级智慧图书馆。在智慧空间、智慧场馆、智慧服务和智慧管理等方面都进行了实践探索，率先实施了智慧图书馆创新服务模式。例如，首创无感借阅通道和无感借还系统，实现借还流程无感化；打造一站式图书馆数据中台，实现数据可视化；5G+Wi-Fi高速网络覆盖全馆；AI机器人、5D观影、光影触控技术、VR技术与电子资源进行融合等，让场馆处处体现智慧科技；设计打造的智慧阅读空间，为读者带来轻松舒适的阅读环境。

（三）政校企合作

2023年6月12日，文化和旅游部、北京大学、抖音集团签订《共建全国智慧图书馆体系框架协议》，充分发挥政府部门、高校、科技企业优势，围绕建设全国智慧图书馆服务平台、建设智慧图书馆知识服务资源、培育智慧图书馆知识服务生态、开展智慧图书馆研究和宣传推广等合作。

（四）联盟合作

在这个技术与观念日新月异的信息时代，图书馆正面临全方位的转型挑战。图书馆肩负着知识创新与知识服务全流程的建设职能。图书馆不可能静态、独自、单一地去迎接未来的发展挑战，图书馆需要汇聚、整合、融合来自馆际的、馆外的、馆内的、专业领域的、跨领域的力量，让图书馆构建在全新的社会协作网络中，彰显信息时代背景下的力量与存在。构建一个有机、互联的智慧图书馆的协作组织，是智慧图书馆建设的体制创新与制度保障。

云时代，任何单独的图书馆都无法成为行业竞争真正有效的参与者。只有作为联盟的一员，才能借助联盟的规模效应和议价能力获得发展机会。正如 William Jordan 所说，"图书馆只有一个选择，合作或死亡"。

1.CALSP

智慧图书馆技术应用联盟（Chinese Alliance for Library Service Platform），简称为 CALSP，又称为"云瀚联盟"。是由上海图书馆发起，对下一代智慧图书馆平台技术及应用感兴趣的图书馆、系统开发商、集成商及各类组织机构自愿组成的非营利性社会团体，成员有上海图书馆、上海交大图书馆、万方数据等。

联盟以"开放共享、合作共赢"为宗旨，以打造未来图书馆生态系统为目标，建设可持续发展的下一代图书馆智慧服务平台，构建共研、共建、共享、共生、共赢的行业社区，推动图书馆信息化建设转型升级。云瀚是 FOLIO 的中国化，"云瀚联盟"也就是 FOLIO 中国社区，云瀚联盟已经有 27 家图书馆和 34 家公司加入。联盟带领成员共同构建并维护一个开放的、可持续发展的社区，通过开放、合作，推动联盟平台产品迭代，促进智慧应用实践落地，带动图书馆技术应用产业链形成，活跃图书馆技术应用生态市场。

2.智图联盟

杨新涯等认为智慧图书馆建设的首要任务是设计和建设完善的全数据体系。全数据体系不仅要面对全面数字化的资源，也要面对全面管理的信息化，还要以实现个性化、人性化和主动化的智慧服务为目标。智慧图书馆的数据特征：文献资源的数据化、数据集中管理、行为数据应用、知识库的共建共享和零数据分析。智慧图书馆面向服务的全数据体系包括：文献元数据、文献内容数据化数据、全面信息管理系统的运行数据、读者行为数据、支持智慧图书馆系统的知识库以及零数据等。

杨新涯提出的智慧图书馆的零数据模型及应用研究，以一种独特的视角开展相关研究工作，对于智慧图书馆管理和服务具有十分重要的参考价值。结合智慧图书馆研究和实践的经验，数据的体系化管理是智慧图书馆发展过程中的必经阶段。以文献大数据为核心的"重大模式"已在200多家图书馆应用推广，包括中山大学、华中科大、西北工大、西南交大、暨南大学、宁波大学、山西大学、成都理工大学等10所双一流大学。

2018年11月23日，由重庆大学图书馆、维普资讯联合国内28家图书馆及其他单位共同发起成立了以"协同创新，共享发展"为宗旨的智慧图书馆协同创新联盟（Union of Smart Library Collaborative Innovation），简称智图联盟（SLU）。通过数据协同提升智慧图书馆的建设效能，通过数据创新提升智慧图书馆的服务质量。

在智图联盟的组织框架内，分别成立了六个业务工作组：智图联盟研究与培训工作组、服务共享工作组、数据标准与业务流程标准工作组、创新智慧服务工作组、统计分析与宣传工作组、知识服务创新工作组。智图联盟负责制定元数据标准与规范，与数据库商约定数据库采购中的数据收割条款和权益保障，建设联盟的文献元数据仓储。实现文献资源的统一检索、文献传递、馆际互借和优势互补。智图联盟还负责收集需求和设计系统功能，互相授权开放机构知识库的相关数据，推进以智慧门户为核心的管理与服务平台的建设。依托智慧图书馆服务门户联盟，实现人力资源的共享，开展联合参考咨询、联合编目等业务合作。实现联盟成员运行数据（阅读数据、入馆情况等）的共享，支撑联盟成员的大数据分析与应用，共享图书馆空间及资源利用数据，研究服务发展趋势。同时积极设立联盟内部研究基金，推动联盟成员之间的学术交流。

智图联盟的初衷是致力于打造一个开放的、可持续发展的图书馆建设生态系统，将图书馆、系统商、平台商、数据与资源商以及开发爱好者团结在一起，以客户需求与实现能力为双引擎，为成员提供产品服务、应用开发、技术培训、信息交流的环境和平台，培育和优化竞争环境，促进图书馆产业的不断升级和良性发展。智图联盟的成立，通过将更多的智慧图书馆建设者凝聚在一起，共同开展智慧图书馆的联合研究与协同创新，为智慧图书馆建设事业的进一步发展，提供有力的技术支撑与能力保证。这意味着国内的智慧图书馆建设从此告别了简单的个体自建模式，而转向群体社群模式进行演化。

二、智慧图书馆的建设实践

（一）国内智慧图书馆的建设实践现状

面对智慧社会发展带来的历史机遇和时代挑战，国内外一些图书馆率先在智慧场馆建设、智慧空间规划、智慧业务管理和智慧服务创新等方面进行了积极探索，实现了自助借还、无感借阅、自动盘点、自动分拣、环境控制、人脸识别、智能导览、虚拟解说、仿真体验、智能推送等功能，有效提升了读者的学习体验、图书馆服务质量和管理运行效率。如美国芝加哥大学图书馆、英国国家图书馆、日本明治大学图书馆、苏州第二图书馆等不同国家的图书馆都建设了智能立体书库，通过智能书架与搬运机器人实现书刊自动存取、分拣传输的全智能化管理。美国康涅狄格州西港图书馆、加拿大圣文森特山大学图书馆、中国国家图书馆、上海图书馆等引入了交互机器人，具有人脸识别、迎宾讲解、导航导览、书目检索、信息查询、智能咨询等多种功能，为读者提供人性化的指引服务。在国内，如青海省图书馆、湖南省图书馆、辽宁省图书馆等省级图书馆为读者提供VR虚拟体验的创新体验服务。深圳市宝安区图书馆、天津市滨海新区图书馆等不同城市的图书馆采用了智能盘点机器人、智能还书车等智能化设备，用来提升图书馆的管理效率和服务质量。

高校图书馆服务主体由庞大的教学科研人员构成，对于资源服务获取和信息资源融合等方面有着更精细、更专业的服务需求，这也决定了高校图书馆必然会成为智慧图书馆建设的中坚力量。在国内，有一些高校在智慧图书馆建设方面已取得了显著成果，如南京大学、上海交通大学等高校图书馆在视觉图书盘点算法、学术信息组织与导航等领域进行了深入研究。南京大学图书馆研发的智能盘点机器人，依托RFID感知、计算机视觉等智能技术，实现了快速、精确的全自动图书盘点。

2019年12月，吴志强、杨学霞对国内77所图书馆在智慧空间、智慧管理和智慧服务三个方面的建设情况进行了网络调研。77所图书馆包括中国国家图书馆、30所省级公共图书馆、2所具有代表性的市区级公共图书馆和42所双一流高校图书馆。

1.在智慧空间与管理方面的实践

在调研的学校中有23所图书馆不同程度上实现了智慧化管理，清华大学图书馆、南京大学图书馆、武汉大学图书馆、东南大学图书馆等6所图书馆采用智能盘点机器人、无线蓝牙盘点枪配盘点车、无人驾驶还书车、智能通还小车等智能化设备，实现了图书的智能分拣、运输、盘点、排架、上架。南京大学图书馆机房、上海交通大学图书馆、南开大学图书馆特藏书库、武汉大学图书馆古籍书库等7所图书馆采用智能传感器、智能监控技术实现了实时监测并自动调节图书馆场馆内的温湿度、亮度等环境参数，不仅达到了节能环保的要求，而且为读者提供了更加舒适的阅读环境，实现了图书馆空间与设备的智慧管理。上海交通大学图书馆、南京大学图书馆、哈尔滨工业大学图书馆、北京理工大学图书馆、中山大学图书馆、东南大学图书馆、电子科技大学图书馆、华中科技大学图书馆、西北工业大学图书馆等13所高校图书馆不同程度实现了智慧化管理，它们广泛采用人脸识别、智能安全监测系统、智能双频图书监测仪等实现了门禁识别、火灾远程监控预警、智能防盗、视频监控、图书双重防盗功能等图书馆空间环境的智慧安防管理。

2. 在智慧服务方面的实践

在国内，高校图书馆中智慧服务的应用普及率较高，从吴志强等调研的结果来看，调研的所有图书馆都开展了移动服务和自主服务，比如通过微信、微博等的移动服务，提供自助借还、自助文印等自助服务。这充分说明我国在智慧图书馆建设中特别注重服务的智慧化。其中，高校图书馆比公共图书馆提供的智慧服务类型更多。调研的所有图书馆都开展了基于情报服务、智库服务、学科服务等的知识服务。

北京大学图书馆、清华大学图书馆、南京大学图书馆、武汉大学图书馆、中山大学图书馆等17所图书馆采用机器人或虚拟参考咨询方式提供智能咨询服务。北京大学图书馆、中国人民大学图书馆、中国农业大学图书馆、华中科技大学图书馆等8所图书馆提供基于位置或基于大数据的个性化推荐服务。北京大学图书馆、南京大学图书馆、南开大学图书馆、华中科技大学图书馆、西安交通大学图书馆、哈尔滨工业大学图书馆等11所图书馆提供基于Wi-Fi的多媒体导航、3D导航、VR虚拟导航、机器人导航、智能书架等智能导航导览服务。天津大学图书馆、电子科技大学图书馆、南开大学图书馆等8所图书馆提供VR虚拟体验的创新体验服务。

此外，一些图书馆尝试通过联合馆外力量、社会力量，为图书馆业务、管理和服务环节的智能技术应用提供解决方案。例如，国家图书馆与资源提供商、软件服务商合作，利用5G、全息影像等技术将馆藏精品资源加工成全息影像资源，通过360度大屏、VR眼镜等设备为读者提供全景交互式、沉浸式的阅读体验。上海市图书馆行业"云瀚联盟"联合高新技术企业，共同建设基于开放的下一代图书馆服务平台，加速智慧图书馆应用生态建设。CADAL成立数字知识服务联盟，以资源的知识化提升服务的智能化。江西省图书馆新馆与高新技术企业合作建设智慧阅读空间，向读者提供精准化、智慧化的文献推送。复旦大学与阿法迪合作成立了"复旦—阿法迪共建智慧图书馆学术研究中心"，促进图书馆的信息化、智能化、智慧化的研究和实践。这些图书馆的先行探索，为国内图书馆行业的智慧化转型积累了宝贵经验。

（二）南京大学智慧图书馆的实践探索

南京大学图书馆在智慧图书馆的建设实践主要涉及三个方面：实体场馆的建设和改造、下一代信息服务平台的建设和智慧型服务的打造。南京大学智慧图书馆服务体系包括实体图书馆和基于虚拟化技术的云服务集群两个方面。实体空间提供自助平台、自助借还书设备、24小时还书设备、自助打印复印扫描、一站式服务台、研修小间网络管理自助预约服务、信息共享空间、书吧休闲区、轻印刷系统、多媒体导航台、数字标牌系统、大屏播报系统、触屏阅读器、离校自助查询系统、安全门禁系统。RFID可对整个图书馆馆藏图书进行自动化盘点定位，机器人"图宝"提供引导图书查询、简单交互咨询等功能。基于虚拟化技术的云服务集群主要指网络服务和移动服务，具体包括微信、微博、公共服务、虚拟咨询、馆际互借、文献传递、一站式检索和智慧服务系列。南大"+"智慧服务、智能机器人、下一代信息服务平台与智慧服务空间是南京大学智慧图书馆实践中最为突出且取得卓有成效的项目。

1.南大"+"系列智慧信息服务

南大"+"系列智慧信息服务包括知识发现 Find+、移动图书馆 Mobi+、电子借阅终端 Pad+、个性化服务 Book+、学科服务 Subject+、南大文库 Paper+、电子资源管理 Digtial+等。

（1）知识发现 Find+：南大图书馆利用 EDS 平台提供授权的国外的合法元数据和多语种搜索技术，并结合本地化服务功能，为读者提供高质量、低成本的学术资源发现和共享服务。

（2）移动图书馆 Mobi+：一款基于 Wap、Android、IOS 平台开发的手机软件。读者可以利用各种便携移动设备在任何地点、任何时间实现一站式快速查询和浏览图书馆纸本图书及电子资源，以及获取图书馆提供的其他个性化服务。

（3）个性化服务 Book+：为了贴合读者的使用习惯，提供给读者人性化的服务，南大图书馆将图书馆书目数据库与互联网信息技术相结合，读者可以采用校园一卡通、QQ 号、微信、微博账号等方式登录。同时，增加了书籍封面、豆瓣评论、图书打分等新功能，实现与书评网及网上书店的对接，展示征订目录和分类浏览服务，提供荐购图书的绿色通道。

（4）电子借阅终端 Pad+：是一种大屏触控互动服务终端，提供数千种电子书、数万种电子期刊以及其他服务，支持与手机终端互动，可以部署在其他教学楼内。

（5）学科服务 Subject+：以学科为基础，将网络上有关学科的新闻、文献、课程、会议、人物、机构、专利信息聚合到图书馆学科服务平台上，方便读者利用。同时，提供基于学科的互动问答平台，方便学科馆员在线帮助读者解决在学科教研学习过程中遇到的各类问题。

（6）南大文库 Paper+：用来典藏南大的教学科研成果，记录南大的科研活动历史，具有成果统计、重要成果自动检测、报表自动生成等功能。同时，为南大师生提供论文收录通知、论文引用通知、论文引证报告等服务。

2.智能机器人研发

在智能机器人研发方面，南京大学图书馆与江苏图客机器人有限公司合作，研制开发智能盘点机器人和智能咨询引导机器人。智能盘点机器人采用超高频 RFID 技术，实现了对馆藏图书的自动化盘点、错架检查等，能对上架的图书自动识别并规划出上架最短路径。采用智能盘点机器人不仅减轻了工作人员的工作量，节约了人力资源，同时降低了人工判断发生错误的概率，提升了图书馆的工作效率和服务质量。智能盘点机器人可以实现馆藏图书的精准定位，而智能咨询引导机器人面向读者提供面对面的引导服务，通过语音或扫码等交互方式获取读者感兴趣的图书清单，规划出找书最优路径并一步步引导读者在最短时间内找到所需图书。

3.下一代图书馆服务平台

下一代图书馆服务平台作为智慧图书馆智慧性的主要技术体现，是智慧图书馆建设的重要内容。图书馆服务的转型离不开新一代管理服务平台的支持，下一代图书馆管理服务平台在国外发展速度领先于国内，产生了很多优秀的软件并已广泛应用于公共图书馆和高校图书馆以及其他学术图书馆。南京大学智慧图书馆服务平台 NLSP（Nanjing University Library Service Platform）采用面向服务的体系框架，实现了纸电数资源一体化管理，并提供智慧采选、分析决策等智慧化的服务。以中央知识库代替分散的本地资源库，以软件即服务（SaaS）的云服务方式进行系统部署，通过 API 接口整合和扩展多种服务，经由前端系统为读者提供统一检索界面。

纸质资源管理的智慧性体现在读者驱动采购：根据采选规则，读者积分信誉、推荐书单；提供给读者采购借阅（PDA）。智能书单生成：根据完整的出版信息、图书馆采访政策、用户借阅分析数据、经费策略、出版社权值等自动生成智能书单。书商智能评估：根据到书率、读者评价、借阅情况等对供应商信誉进行评估。电子资源管理模块可以实现电子资源采购（合同、付款、发票、期限等）、试用、配置、续订、统计分析、自动更新，提供电子资源全生命周期管理以及电子资源绩效成本分析。数字资产管理包括数字化资源管理、学术成果管理及学位论文管理。统一检索服务提供全类型资源检索，同时提供期刊导航、专题库导航、院系导航等各类导航入口。分析决策服务支持对纸质、电子、数字资源以及读者行为数据进行不同需求维度的数据统计与分析。

NLSP正努力向知识服务平台（Knowledge Service Platform，KSP）演化，解决图书馆与院系（用户、读者）、资源提供商及软件服务商等外部业务之间的全面一体化问题，促进图书馆内部与外部的资源共建共享。通过共用平台跨地区、跨学科快速搭建起联盟系统，实现高效的知识采集、加工、存储、传播、发现等服务，由读者主动寻求资源向订阅型资源服务转变。

4.智慧空间服务

图书馆空间改造也是智慧图书馆建设中的重要内容。南大图书馆在智慧空间建设实践方面包括定位识别服务、环境控制、感知服务、智能安防等。

（1）定位识别服务。定位识别服务是基于物联网技术解决资源、终端设备等的自动识别问题。传统图书馆阶段的签到服务，如刷卡进馆、阅览室，出示读者卡或输入信息办理借阅等，也是一种定位识别服务。伴随着物联网等新一代信息技术的推广实施，签到服务进化为对读者身份认证和定位，采用更先进的识别和定位技术，如二维码识别、人脸识别、指纹识别、视频识别、手机定位识别等，实现在展览、讲座、会议等活动中进一步为读者提供基于位置的个性化服务。

（2）智慧空间管理。利用5G、人脸识别、无线网、视频、物联网等技术实现对图书馆建筑中的空间、环境、设备设施以及人员进行智能调度控制和安防监测等，包括温湿度、灯光、空调、电梯、消防、人流量监控等子系统。可实现环境控制、空间预约、室内导航等面向读者的服务，以及人流监测、风险预警、网络报警、联动控制等智能安防服务，并且起到节能管理、消防安保、灾害防护、安全预警等管理作用。感知采集技术可以实现远程实时控制和提前预警，对馆内的各种状况做出更有效的安全防范措施。

　　智慧图书馆概念自提出以来，伴随着信息技术的快速发展，大量新技术、新理论被引入图书馆领域并获得了实践应用。不仅拓宽了智慧图书馆研究的对象和领域，也推动了智慧图书馆理论与实践的紧密结合。图书馆元宇宙利用数字孪生、虚拟现实、区块链、人工智能等关键技术，根据元宇宙虚实互动原则，图书馆元宇宙可整合实体图书馆与虚拟图书馆形成创意创新空间。在元宇宙视域下，智慧图书馆服务可以朝着馆藏智慧排列、动态实景阅读、个人知识空间等方向转变。

　　智慧图书馆的未来发展需加速智慧技术与实践应用的结合。同时，智慧图书馆的建设需要积极构建三大支撑保障体系，即智慧图书馆标准规范体系、智慧图书馆人才培养体系和智慧图书馆评价体系。具体涉及智慧图书馆的资源建设、服务要求和规范、管理制度和方法、技术应用、人才选拔、团队组建、教育和培养计划等。实施对空间、设施、资源、服务等动态监控，对智慧管理运行效率及服务效能进行科学立体的评价。实现培养具备数据服务与支持能力的专业化馆员。同时，还需关注智慧图书馆信息安全，全面提升智慧图书馆服务效能。

第五章　智慧图书馆的管理与服务建设

与传统图书馆做对比，智慧化的管理与服务是智慧图书馆最显著的特征和功能。智慧图书馆是为了打造高质量、高效率的管理和服务场景，充分利用图书馆所具备的多种形态、多种方式的知识服务渠道来为读者提供高效快捷的智慧服务，为馆员提供智慧管理，为管理者提供智慧决策。利用各种新信息技术实现知识资源的高效获取和共享，使馆员和读者的工作和学习发生巨大的变化，实现对读者、知识资源、硬件设备及馆舍环境的全面信息化管理，精准感知读者需求，提高知识信息服务的满意度。在服务体系建设中，通过感知、监测来获取空间、资源、人员、设备设施的利用数据，经过科学分析实现优化服务的目的。图书馆通过进馆人流量、区间人流量以及空间使用量的监测，方便读者实时获取相关数据信息，更便利地利用图书馆设施与服务，实现图书馆设备设施的科学化管理和合理利用。利用大数据分析读者需求偏好，开展个性化、定制化的服务。在智慧图书馆的管理中，在无人值守的情况下各项系统仍能正常运行，最终实现自我管理。

第一节 智慧图书馆的智慧管理

智慧图书馆的智慧管理是利用各种先进的信息技术和智能化设备，对图书馆的文献资源、设备设施、空间及环境、服务和过程进行智能化、网络化、数字化、可视化的统一、全面、动态管理和运作，以提供更加高效、便捷、个性化和人性化的服务。

一、智慧管理的主要体现

智慧图书馆的智慧管理主要体现在智慧组织管理、智慧资源管理、智慧数据管理和智慧服务管理四个方面。

（一）智慧组织管理

智慧组织管理是对图书馆的组织结构和管理流程进行优化和再造，建立高效的管理机制和管理团队，提高图书馆的运营效率和服务水平。与传统图书馆相比，智慧图书馆提供基于网络化、数字化、个性化、人性化的服务，在管理和服务方式上发生了很大的变化。因此，需要重新审视和定位原先的业务流程，进行科学合理的再设计，使其在服务质量、服务效率和服务成本等方面进一步得到改善。

（二）智慧资源管理

智慧资源管理是通过智慧化技术对图书馆的馆藏资源进行全面的数字化处理，建立图书馆数字化资源库；对图书馆的纸本和数字资源进行全面整合和可视化管理，为读者提供智慧、精准、高效、快捷的服务平台，实现跨系统、跨网络、跨媒体、跨部门共享和融合，实现资源的全生命周期管理和高效利用。

（三）智慧数据管理

智慧数据管理是通过数字资源的数据整合和深度处理，打破信息不透明和信息孤岛现象。图书馆通过收集和分析读者的借阅历史、阅读偏好等数据，分析读者的行为，预测读者的潜在需求，为读者提供精准化、个性化的服务；搜集、整理和分析数据库产品评估、数据库查重对比、学科资源建设绩效评估、数据资源权限控制与合理的推荐策略等方面的数据支撑，为相关领域提供科学依据和参考，帮助做出更好的决策，进一步提升图书馆的数据管理和数据服务能力。

（四）智慧服务管理

通过自动化系统和智能化设备，实现资源的智能化采访、编目、排架、顺架、流通、盘点、监测、安防等，减少读者的查找和等待时间；通过智能化技术，对服务进行全面优化，包括智能借阅、智能导览、智能咨询、智能推荐、智能检索、学科服务、阅读推广服务等，为读者提供更加便捷、高效、个性化的服务；通过智能化技术，对管理决策进行全面支持和优化，包括资源采购决策、服务改进决策、读者需求决策等，提高决策的科学性和有效性。

在实施智慧管理的过程中，通过对馆藏资源的智慧化管理，提升了对馆藏资源的利用效率；通过对数据资源的智慧化整合和深度处理，进一步提升对数据资源的管理能力；通过对服务的全面优化，更好地满足读者的需求，提高了图书馆的管理效率和服务质量，促进图书馆事业的可持续发展。总之，图书馆的智慧管理是一种综合性的管理和服务模式，需要结合实际情况进行全面的规划、设计和实施。

二、智慧管理体系建设

智慧管理体系建设涉及资源管理、资产管理、环境管理、设备管理、空间管理、安防管理和人员管理等。智慧管理体系主要包括智慧门禁系统、智慧环境感知系统、智慧空间感知系统、智慧安防系统、智慧实时定位系统、多媒体信息发布系统、智慧馆员系统等。其中，感知系统是智慧图书馆的基础应用系统，通过各种感知手段获得各种感知数据，并应用于实际业务的运作。

（一）智慧门禁系统

图书馆智慧门禁系统是利用先进的技术手段，对进出图书馆的人员进行管理和控制的系统，是针对图书馆安全、人员进出管理和内部安保问题的综合性解决方案。智慧门禁系统采用人脸识别、一卡通识别、二维码识别等技术核验入馆人员的真实身份，校内教职工及在校学生通过验证后可进入图书馆，且可以规避校园卡被冒用的管理漏洞。智慧门禁系统实现了智能化管理，减少了人工操作，能够快速、准确地识别和验证人员身份，提高了入馆效率，也可以有效地防止外部人员进入图书馆，避免不法分子混入，从而提高了图书馆的安全性。同时，智慧门禁系统还可以联动其他图书馆系统管理软件，如图书借还系统、座位预约管理系统、研讨间预约管理系统、考勤管理系统等，提高了图书馆整体智慧化水平。总之，图书馆智慧门禁系统是智慧图书馆管理的重要手段之一，系统可以集成多种功能，如读者身份认证、进出监控、报警提示等，从而提高图书馆的安全性、服务效率和管理水平。

（二）智慧环境感知系统

智慧环境感知系统可以对图书馆的环境进行实时监测和自动调节，提高读者阅读舒适度。其通过无线传感器、图像采集识别等技术实时智能监测并自动调节图书馆的环境状况和智能化设备状态，维持在最适宜的范围为读者提供健康舒适的阅览环境。智慧环境感知系统能够根据光照、温度、湿度、人员密集程度等情况自动进行调节和控制，达到节能降耗的目标；对图书馆内的噪声和空气质量进行监测，确保读者在一个安静且空气清新的环境下阅读；实时监测图书馆内的安全隐患如漏水、漏电情况，并在发现问题时及时发出警报信号以防止书籍、文件等重要资料被损坏，保障图书馆的安全；通过图像监控技术，可以全天候或者移动侦测记录图书馆内的情况，对读者的行为进行监控，防止读者做出损害图书馆资源的行为。智慧环境感知系统具有集故障分析、能耗管理、设备监控、信息发布、物业管理于一体的管理功能，可以达到降低成本、节能环保、安全防范、绿色健康的智慧化建筑的要求。

（三）智慧空间感知系统

智慧空间感知系统是通过无线传感器、图像采集、Wi-Fi 等技术实时智能监测空间，按照一定的技术目的和相应的模式组成具备不同功能的情景感知系统，其可以提供智慧化的空间感知、管理感知和服务感知。智慧空间感知系统通过传感器、用户主动输入等方式获取原始情景信息，并对原始情景信息进行处理。智慧空间感知系统由门禁系统、座位预约管理系统、研讨间预约管理系统、报告厅预约管理系统，以及活动场地预约管理系统等组成，实现对图书馆空间的智慧化管理。座位预约管理系统主要为读者提供预约选座、取消预约、扫码签到、暂离座位和离开座位等功能，读者可以通过 PC 端、手机、管理终端等途径随时随地远程查看座位空闲信息和使用情况，方便读者合理地安排自习。同时，也可以将座位预约管理系统与图书馆门禁系统进行联动，实现签到、暂离、签退等功能。研讨间是一种新型的信息共享空间，是智慧图书馆为满足读者的学习和研讨需求而发展起来的一种基础设施和新型服务模式。研讨间预约管理系统与座位预约管理系统一样，提供研讨间网上预约、取消预约、签到后使用和签退离开等功能。

（四）智慧安防系统

图书馆智慧安防系统是为图书馆提供安全防护和智能管理的系统。它利用AI技术、RFID技术、视频监控、人脸识别等多种技术手段来确保图书馆的秩序和安全。安防的智慧管理系统包括烟雾感应、防火防盗视频监控、多摄像头联网、应急自动响应、人流监测、风险预警、网络报警、联动控制等功能，是集监、控、查、管等于一体的智能监控系统。

智慧安防系统结合智慧图书馆的业务需求，综合采用各类监控技术和手段，实现各主要监控点、重要场所的全面监控。视频监控系统可以实时监控图书馆的重要区域，如书库、借阅区、自习区等。通过24小时监控录像实时掌握图书馆的运营状态，对异常情况进行报警抓拍和多系统联动，确保场馆及图书资料的安全。通过AI人脸识别技术，对智能摄像头采集到的图片、视频进行实时监测并进行人脸比对，以实现图书馆监控范围内人员的历史活动轨迹记录和查询，实时统计人员出入流量、图书馆内人员数量等，实时掌握图书馆内人员动态数据。安全通道子系统通过智能RFID安全门通道，进一步加强图书资料防盗监控功能，降低图书的丢失和损失率。智慧安防系统具有数据融合分析的功能，通过采用分布式微服务架构可以灵活配置安防系统中的各个子系统服务，如环境监测系统、人流量监控、出入口门禁系统等，并实现多个业务子系统相互间的数据共享和可视化数据分析功能，有助于快速了解图书馆的运行情况，达到图书馆精细化、智能化和统一管理的目标。

（五）智慧实时定位系统

智慧图书馆需要通过实时定位系统实现对资源、人员和图书馆空间位置的感知。馆外的定位主要通过 GPS 系统感知读者实时的外部位置，馆内的定位主要是对人员的位置定位和资源的位置定位。人员的定位主要采用人脸识别、Wi-Fi、蓝牙、ZigBee 等技术，以 Wi-Fi 技术为主 ZigBee 作为补充来提高定位的精度；对馆藏资源的定位主要采用 RFID 无线射频技术，由智能书架上的感知系统感知馆藏资源中的 RFID 标签信息，并将感知到的结果反馈到图书管理系统以及读者的移动设备上，实现对馆藏资源的实时定位、精准导航和导引。

（六）多媒体信息发布系统

多媒体信息发布系统是一种利用现代信息技术和智能设备向读者提供多媒体信息传递服务的系统，如视频、图片、文本、数据、动画、网页等多元化的媒体格式可以满足图书馆在不同方面的信息发布需求，如管理大数据、运行大数据、通知公告、新闻动态、活动海报、借阅信息、读者数据等。智慧图书馆多媒体信息发布系统可以在多种显示终端发布信息，如液晶显示器、CRT 显示器、等离子电视机、背投式投影机、LED 屏幕、DLP 拼接墙等，使得图书馆可以根据读者的不同需求和场景，选择合适的终端设备进行信息发布。管理员通过管理平台同时对多个网络终端进行远程集中控制和实时同步发布操作，实现信息的统一实时发布和管理，从而确保信息发布的有效性、及时性和精准性，提高信息发布效率。智慧图书馆多媒体信息发布系统利用显示大屏、互联网门户网站实时发布图书馆的各类运行数据信息和监控视频，还支持数据统计与分析功能，可以对终端的播放情况进行实时统计和分析，更好地了解读者的使用情况和需求。总之，智慧图书馆多媒体信息发布系统满足了读者对于多元化、个性化的信息需求，同时提高了图书馆的信息发布效率和读者服务水平。

（七）文献资源智慧管理系统

图书馆的文献信息资源主要包括纸质书刊资源、电子资源和数字文献资源。对于纸质书刊资源，通过分析读者的借阅历史数据、图书流通量等数据，为图书智慧采选工作提供数据支持，实现精准采购。在流通管理领域，通过采用RFID电子标签技术、物联网技术和自动化设备等技术手段，实现图书的自动识别、自助借还、智能分拣、图书安防等。智能书架通过应用RFID的感知技术实现对书架在架图书的智能管理，以实现图书的实时清点、精准定位上架、快速盘存等功能。智能书架使读者和馆员可以方便地了解到每本书的具体位置，减少找书的时间和成本，提高了流通管理的智慧化水平。对于电子资源和数字文献资源，可以根据读者的点击、浏览、检索、下载记录等数据，为读者推荐相关领域的文献资源，提供个性化的信息推荐服务。文献资源智慧管理系统利用大数据分析等技术实现对各类资源数据、使用情况进行统计、分析和挖掘，为图书馆的管理决策提供数据支持，为后续的资源采购、布局和推广提供决策依据，帮助图书馆更好地规划未来的发展计划。总之，智慧图书馆可以对图书馆的文献信息资源进行智慧化管理，满足读者的多元化需求，为读者提供了更加便捷、高效、优质的阅读服务体验，从而提高了图书馆的管理效率和文献资源的利用率。

（八）大数据决策支持系统

大数据决策支持系统主要是通过数据驱动，对图书馆的各项业务进行智慧化的管理和决策。图书馆在管理和服务的过程中所积累的不同形态的数据是大数据资源的重要来源。首先，对可利用的不同数据源的数据进行整合和共享实现数据互通，通过建设数据中枢进行大数据采集、分析及存储，建立分布式的数据中心。大数据决策支持系统对来源于不同采集渠道的各类数据进行综合汇总分析，包括馆员大数据、管理大数据、日常工作数据、读者大数据以及外部的资源数据等，确保数据的规范性和一致性。读者大数据包括借阅数据、门禁数据、数据库浏览下载访问数据、社群数据等。其次，实现动态可视化展示，打通不同类型和不同业务系统的数据，结合专题模型及算法，可视化呈现图书馆业务监控，并进行运行监测和预警分析。通过对数据的深度分析、挖掘和可视化，可以将数据转化为具有决策价值的信息，为图书馆的管理提供数据驱动的决策支持，帮助图书馆在资源采购、读者服务、馆员管理、阅读推广、空间管理等方面做出科学、合理的决策。例如，通过对设备使用数据的分析，可以优化图书馆的资源布局和服务设施；通过分析读者的借阅记录、浏览历史等数据，更好地把握读者需求，为读者提供更个性化的服务，提高读者的阅读体验。再次，建设数字化监控平台，实时动态监测图书馆运行，针对异常及时预警，为图书馆管理者提供直观、高效、可靠的决策支持。总之，大数据决策支持系统是智慧图书馆的核心组成部分，其可以帮助图书馆更好地理解读者的需求和行为，优化资源配置和各项业务，提高资源利用效率、管理效率和服务水平，为图书馆的未来发展提供强大的数据支撑和保障。

（九）智慧馆员系统

智慧图书馆的建设对图书馆馆员的素质和技能提出了更高的要求。只有"智慧馆员"才能对图书馆实现智慧管理，进而为用户提供"智慧服务"，智慧馆员必须是综合性的高素质人才，才能推动和服务智慧图书馆建设。智慧馆员系统是智慧图书馆实施馆员培训、任务管理和综合管理的重要支撑系统，包括任务管理子系统、智慧馆员培训子系统和综合管理子系统等。任务管理子系统是指结合智慧馆员具体的工作任务，根据内部工作流程要求进行任务分解，对各项作业任务进行动态管理，提高作业管理水平和执行效率。智慧馆员培训子系统为馆员提供培训学习的平台，实现传统馆员的转型升级，满足个人学习和集体培训的需要。综合管理子系统具有馆员自我管理和馆员集中管理的功能，用于实现馆员的考勤、考核、评优、继续教育、绩效、职务职称等级等综合管理。

第二节　智慧图书馆的智慧服务

图书馆智慧服务的根本目的是实现把学习、工作和生活变得更加简单。实现智慧服务是智慧图书馆建设的核心目标之一。智慧服务是基于传统服务基础上，通过采用新信息技术手段和智能化设备来增强图书馆服务的能力。

一、智慧服务概述

（一）智慧服务的研究

新数字技术与人工智能技术提供了图书馆快速发展的技术支撑。智慧图书馆的服务模式强调以"读者"为中心，实现资源和服务集成化、服务效能最大化，但是原有的组织机构和业务流程无法满足智慧图书馆的服务要求，需要进行组织机构重组和业务流程再造。智慧服务是智慧图书馆微观层面建设的核心，新技术的应用是智慧服务的支撑，包括物联网、互联网、移动互联网、大数据、云计算、人工智能、区块链、数字孪生、元宇宙等。图书馆通过对馆藏资源和读者信息行为数据进行分析、挖掘和描述，实现个性化、精准性的服务，并创建场景化的多元业务空间，实现馆藏资源信息可视化等业务模式的转变。同时，通过传感器探头对环境的智能感知，为用户构建协同共享空间、场景化学习空间、智慧云空间的图书馆新形态，为读者提供泛在化、个性化、人性化和精准化的知识服务。图书馆实体通过信息平台实现基础设施、智能设备和信息技术的深度融合，最大程度地利用、开发、整合信息资源，将大数据、云计算、物联网、虚拟现实和增强现实等互联网新技术充分运用于图书馆服务和业务管理的各个方面，为读者提供优质、高效、精准的个性化信息服务。

笔者认为，智慧服务应当具有场所泛在化、手段智能化、内容知识化、空间虚拟化、体验多元化的特点。乔红丽等通过调研42所"双一流"高校图书馆的智慧服务建设情况，总结出智慧服务的内容可分为资源服务、学科服务、咨询服务、智能设备服务、培训服务和空间服务。而赵苹调研了39所"985"高校图书馆的智慧服务建设情况，总结出智慧服务内容为借阅服务、资源服务、学科服务、个性化服务、发现服务、空间服务、咨询服务、智能设备创新服务和移动服务等，内容有所拓展。关于智慧服务的研究，学者们主要集中在自助服务、移动服务、预约服务、微服务、智慧检索服务、虚拟场景服务、智能咨询服务、主动推送服务、个性化推荐服务、知识服务、智能导航导览服务等方面。曾群等提出，通过对用户数字足迹、情景数据和内容偏好数据的深入分析，在构建用户场景库、用户画像库、知识资源库的基础上，为用户提供个性化定制服务、场景式体验服务和特色化参考咨询服务等新型服务模式。尹克勤等从泛在化服务、精准化服务、主动化服务、智慧云服务和高技能服务等方面，探讨了智慧图书馆服务的创新路径。胡桂梅从在线服务、专业服务、协同服务三个层面介绍了智慧图书馆的服务体系建设。任萍萍提出，将5G技术应用于构建

"人–机–物–环境"全智能互联互通的智慧服务平台。

（二）智慧服务的基础建设

1.用户数据资源库

图书馆通过对用户检索行为数据、数字足迹、情景数据和内容偏好数据等进行收集和分析。用户数据包括用户的个人身份信息、个人主动交互的数据、获取的情景数据，以及其在使用图书馆过程中产生的一切轨迹数据信息。用户数据收集是智慧图书馆开展创新服务的前提，不同的用户有不同的需求和用户行为，因此智慧图书馆需要从多个方面对用户数据进行收集。

2.用户资源库的构建

在初步构建用户数据资源库的基础上，对用户数据进行整理、分析和聚类，进而构建用户画像库、场景库等，形成用户资源库。用户资源库需要对用户数据进行如下的处理：

（1）用户数据整合。主要是将收集的多源异构的用户数据通过整理、转换成格式统一的标准数据。

（2）用户数据挖掘。主要是将整理后的用户数据进行特征提取和标签化识别，并分析、挖掘不同用户数据之间的内在关联。

（3）用户数据聚类。主要是将用户的数字足迹、情景数据、内容偏好数据等进行聚合分析，从不同的视角对用户的需求进行描述，依据用户的不同类型和不同行为需求创建用户画像库和场景库。用户画像库和场景库的构建为智慧图书馆开展主动推送的精准化信息服务提供了保障。

（4）用户数据监护。由于用户数据不断产生、实时动态变化，因而智慧图书馆需要对用户数据不断进行更新和补充，并不断调整和完善用户画像库和场景库的数据信息。

3.智慧资源库

智慧资源库的构建是以图书馆的资源数据为基础，以用户需求为导向，将用户需求与图书馆资源进行关联形成的一种知识资源库。智慧资源库需要对图书馆资源数据进行深入挖掘分析，进行多类型的标签化，形成资源应用场景和资源画像。智慧图书馆创新服务的开展需要结合用户的实时数据，实时感知用户的场景，对用户需求进行精准的预测，对不同用户提供针对性强的信息资源服务。

4.云计算支持与服务系统

考虑到用户分布的广泛性、应用方式的多样性、使用时间的灵活性以及总分馆联动等应用特点，智慧图书馆必须综合应用云计算技术提供云服务。利用分布式计算和虚拟化技术将各类馆藏数据资源化、网络化和可视化，再通过云服务平台提供云服务，扩大服务的范围。图书馆应将分散的、异构的计算资源和存储资源进行统一的管理，对空间资源进行动态分配，提供统一标准化接入。同时，云计算支持与服务系统需要具备数据安全保护功能和容灾备份等功能。

二、智慧服务的主要形式

（一）知识服务

智慧图书馆知识服务的形式主要有情报服务、智库服务、学科服务以及其他个性化服务等。这些服务本质上都是一种定制化的个性化服务，即为不同类型的读者提供不同形态、不同内容知识服务产品的一种智慧服务。情报服务是指根据读者的需求，搜集、加工、梳理出解决用户特定需要的文献信息资料，以及为其提供高度定制化的知识服务产品。智库服务的范畴从为政府提供立法与制定决策的文献信息资料，扩展到了为国家提供相应的舆情监督和应急措施等咨询服务。

学科服务是图书馆面向院系开展基于学科背景的一种全方位、多层次、专业化的服务，也是一项开拓性的主动参与式的创新服务。它要求具有学科背景的馆员深入用户的科研或教学活动中，帮助他们发现和提供更多的专业资源和信息导航，为用户的研究和工作提供针对性很强的信息服务。个性化定制的前提是需要对读者需求进行分析和对资源进行特征分析，通过人物画像和资源画像进行信息的精准匹配。根据读者兴趣爱好、学科背景、研究方向、科研目标、职业特征以及地理位置等提供有针对性的个性化定制服务。因此，智慧图书馆的知识服务是对目前馆藏的信息资源进行科学的组织和深度的标引，对资源信息进行组织和挖掘，结合用户的实时情景及用户偏好，为科研用户实时推送精炼化的知识产品，主要包括数据库文献、创新科研文献、主题文献、课程文献、讲座培训资料等的定制服务。

（二）发现服务

发现服务也叫知识发现（Knowledge Discovery in Database，KDD）服务，是根据不同读者的具体需求，从多源异构的原始数据中提炼出有意义的、浓缩的知识提供给读者利用。知识发现服务主要是利用数据仓储、数据分析、知识挖掘、文献计量学等相关技术，解决复杂异构数据库群的数据集成整合和有效利用的问题，实现统一、便捷、高效、精准的学术资源搜索。知识发现服务通过分面聚类、知识关联分析等实现高价值学术文献发现、深度知识挖掘和可视化的全方位知识关联。

（三）个性化适应性服务

传统的图书馆个性化服务多是通过特殊的服务制度和组织形式来实现的。这种个性化服务只是基于经验和主观判断，通过设定简单规则来反馈用户需求，服务路径单一、服务深度不够。智能设备和智能技术赋能的智慧图书馆建设，有效地促进了个性化服务和适应性服务的发展，并使得二者加速融合。个性化适应性服务成为智慧图书馆服务的基本形式和核心目标。智慧图书馆服务的构建基于两类技术：智能设备技术（如物联网、可穿戴设备等）和智能技术（如用户行为分析、云计算等）。这两类技术使得智慧图书馆环境具有服务跟踪、场景识别、环境感知等特点，给用户带来更多的灵活性、有效性、适应性、参与性、反馈性的服务。例如，基于 RFID 技术的智能图书盘点机器人可以实时获取图书的具体位置信息并告知读者；利用机器人来代替人工咨询服务，通过语音识别、自然语言处理技术和大数据计算技术，机器人可以理解读者的问题，并从知识库中寻找答案或提供相关的建议。大数据环境下，通过记录和分析读者在图书馆服务各个环节的行为数据、个性特征和实时状态，如数字阅读行为数据或数字轨迹等，使得图书馆能够更加个性化、精准地开展阅读推广等服务宣传工作。

智慧图书馆的个性化推荐服务充分体现"以读者为中心"的人性化服务理念，展现了图书馆服务逐渐从传统的被动服务模式转变为因人而变的主动服务模式。高校智慧图书馆的个性化推荐服务可按读者的学科领域、研究方向、个人偏好和学习阶段，结合协同过滤推荐、上下文感知推荐、用户行为特征分析处理、用户兴趣模型表示等相关技术，为读者提供个性化和精细化的信息服务。

三、智慧服务中的人工智能技术

（一）语音识别技术

语音识别技术可以在许多领域中使用，包括咨询、查询和语音交互等方面。通过语音识别技术，用户可以通过语音输入来与计算机或智能设备进行交互，从而执行各种任务或获取信息。这种技术可以减少人工干预，大大提高用户体验和交互效率，也可以为读者提供更加智能和个性化的服务。同时，语音识别技术与其他人工智能技术结合使用，可以实现更加智能和个性化的服务。

语音识别技术应用在智慧图书馆中，可以实现与读者的智能对话，为读者提供更加便捷和个性化的服务。全媒体语音技术还可以将语音信息转化为文字、图像、视频等多种形式，实现语音信息的快速、准确转化和传播，提高信息传播的效率和用户体验。全媒体形式也是智慧图书馆的一种体现，如在智能客服领域，语音技术可以实现用户语音输入的识别和理解，从而提供更加智能和高效的客服服务。在语音查询方面，读者可以通过语音输入的方式查询图书信息，如书名、作者、出版社等，系统可以自动识别并返回相关的搜索结果。在语音导航方面，读者可以通过语音询问图书馆功能区的位置、布局等信息，系统可以自动识别并提供路线指引和位置查询等服务。

但是，机器人咨询服务并不能完全替代人工咨询服务，因为有些问题需要人的判断和情感理解才能得到更好的解答。因此，在设计和实施机器人咨询服务时，需要考虑读者的需求和实际情况，以确保服务的质量和效果。

（二）计算机图像图形识别

计算机图形图像识别是一种利用计算机对图像进行处理、分析和理解，以识别各种不同模式的目标和对象的技术。这种技术可以应用于多个领域，如人脸识别、商品识别、医学影像分析等。通过图像识别技术，计算机可以自动提取图像中的特征信息，对图像进行分类、识别和目标定位等操作。这种技术可以大大提高图像处理的效率和准确性，为各种应用提供智能化的图像分析功能。

计算机图形图像识别技术应用在智慧图书馆中，可以实现人脸识别、OCR 文字识别，图书资料识别、自动分类和管理，为读者提供更加智能化和个性化的服务体验。智慧图书馆通过计算机图形图像识别技术，可以自动识别图书的封面、书名、标题、作者、索书号等信息，实现图书自助借还、自动分类、上架、顺架、盘点等，减少人工干预，提高管理效率。智慧图书馆利用计算机图形图像识别技术对图书内容进行识别，结合分析读者的借阅历史和阅读偏好，为读者推荐更加精准的图书资源；利用计算机图形图像识别技术识别读者上传的图书封面图片或图书局部图片，进行图书检索并快速找到所需的图书资源。

（三）机器人技术

机器人技术是一种综合了计算机科学、人工智能、机械工程、电子工程、传感器技术等多个领域的先进技术，用于设计、制造和应用机器人的科学。随着技术的不断发展，机器人已经广泛应用于工业生产、医疗护理、家庭服务、军事侦察等多个领域，成为现代社会不可或缺的一部分。

机器人技术应用在智慧图书馆中，可以提供智能咨询、导引服务、信息查询、图书借还、图书盘点、图书整架等服务，实现图书馆的自动化管理和智能化服务，提高图书馆的管理效率和服务质量。智能咨询机器人具有智能对话、迎宾问答等服务功能，为读者提供图书馆业务咨询、图书推荐、互动交流等方面的建议、推荐和帮助，解答读者的疑问。这种机器人的引入丰富了读者的阅读体验，满足读者多元化、个性化、体验化的需求。智能导引机器人可以为读者提供导航导览服务，读者可以通过与机器人交互，询问图书馆的布局、位置等信息，机器人可以提供详细的路线指引，帮助读者找到所需的资源或设施。智能导览服务可科学规划导览路线，为读者提供精确的定位信息并引导阅读，不仅提升了读者获取图书的效率，也降低了图书馆员的劳动强度。智能导引机器人还可以带领读者参观图书馆的各个区域，介绍图书馆的各项服务和资源，为读者提供更全面的参观体验。智能查询机器人通过交互界面回答读者的问题，提供知识查询、借阅查询、图书检索、图书位置和其他信息的查询，方便读者快捷地获取所需信息。智能借还机器人提供读者图书检索、自助借还服务，自动识别图书信息并执行相关借还操作，减少人工干预，提高服务效率。智能盘点机器人融合了物联网感知、计算机视觉、大数据处理、人工智能、移动机器人等高新技术，能实现精准的全自动图书盘点，有效解决了图书快速盘点、错架、乱架的问题。图书整架机器人可以根据图书的位置和分类信息，自动整理图书并将其上架，减少馆员手工整理的强度，提高图书馆的管理效率。

总之，机器人技术应用在智慧图书馆中，可以为读者提供更加智能化和个性化的服务体验，提高图书馆的管理效率和服务质量，推动图书馆的智能化和现代化发展。

（四）深度学习技术

深度学习技术是一种机器学习算法，通过建立多层神经网络来模拟人脑神经元之间的连接和传输方式，以实现大规模数据的自动化处理和模式识别。这种技术可以应用于图像识别、语音识别、自然语言处理等多个领域，通过训练和优化神经网络模型，提高机器对数据的理解和分析能力。深度学习的最终目标是让机器能够像人一样具有分析学习能力，能够识别文字、图像和声音等数据。随着技术的不断发展，深度学习已经在搜索技术、数据挖掘、机器翻译、推荐和个性化技术等领域取得了很多成果，使得人工智能相关技术取得了很大进步。

深度学习技术在智慧图书馆中的应用场景，如图书推荐、图像识别、语音识别和自然语言处理等，可以帮助图书馆实现更加智能化和个性化的服务。智慧图书馆利用深度学习技术，分析读者的借阅历史和阅读偏好，为读者推荐更加精准的图书资源；对读者的查询语句进行自然语言处理，理解读者的意图，提供更加精准的搜索结果。

总之，深度学习技术应用在智慧图书馆中，为读者提供更加智能化和个性化的服务体验，进一步提高了图书馆管理效率和服务质量。

（五）大数据技术（读者画像、资源画像）

大数据技术（读者画像、资源画像）是指利用先进的数据采集、存储、处理和分析技术，从海量数据中提取有价值的信息和知识，帮助人们更好地理解和利用数据，更加深入了解和分析各种现象和问题，为决策者提供决策依据，从而提高工作效率、优化业务流程、提升服务质量。大数据技术包括数据采集与预处理、数据存储与管理、数据分析与挖掘、数据可视化等多个方面。大数据技术的应用范围广泛，可以用于各个领域，如金融、医疗、教育、交通等。

大数据技术在智慧图书馆的应用场景包括读者需求分析、资源优化配置、服务流程优化、决策支持和智能化服务等。通过分析读者的基本信息、借阅历史、检索痕迹等行为信息，可以预测读者的阅读需求和兴趣，为图书馆的图书采购、图书推荐等服务提供参考。利用大数据技术可以实时监测图书馆内各类资源的利用情况，了解图书馆资源配置是否合理，从而整合和优化资源，提高资源的利用率。大数据技术可以分析读者的行为轨迹和服务需求，优化图书馆的服务流程。图书馆利用大数据技术可以实现图书馆的智能化服务，如自助借阅、智能导航、智能咨询等。通过大数据分析，可以为图书馆的未来发展提供数据支持和决策依据，帮助图书馆制定更加科学合理的发展规划。总之，大数据技术在智慧图书馆的应用，可以帮助图书馆更好地了解读者需求，优化资源配置，为读者提供更加智能化和个性化的服务体验，进一步提高图书馆的管理效率和服务质量。

四、智慧服务场景应用

智慧图书馆借助云基础设施与资源、管理平台等，在应用系统的支撑下，开发各种智慧服务应用场景，增强用户体验。

（一）自助式服务

自助服务是智慧服务的重要形式之一，包括图书的自助借还、自助文印、自助空间预约、自助检索、自助缴费、自助咨询、自助上机等。智慧图书馆采用校园一卡通、手机二维码、RFID、人脸识别和指纹识别等技术实现自助服务。智慧图书馆的咨询服务从传统的现场咨询、留言咨询、短信咨询、电话咨询、邮件咨询等方式转变为数字参考咨询，包括网上咨询、微信微博等移动咨询服务。同时，利用智能机器人提供现场咨询、导读服务、指引服务和简单交流，利用语义分析技术实现自助咨询服务等。

（二）智慧路径导航服务

智慧路径导航服务是一种典型的智慧服务场景应用。其通过读者的智能手机、图书馆可穿戴设备、智能终端、检索和浏览日志记录等进行感知，分析出读者所在区间、所处环境，以及对资源和服务的潜在需求，运用Wi-Fi、RFID、NFC、蓝牙、GPS等技术，向用户推荐可获得服务的途径，并提供智慧导航导览服务，帮助读者快速了解图书馆的布局。例如，当读者搜索某一本书或需要空间服务时，图书馆的传感器设备会自动感知读者的具体位置、所处区间以及读者检索、浏览、预约等行为信息，经过服务器分析并主动推送相关的服务内容以及提供精准的定位导航服务。当读者通过书目检索并确定需要借阅某本图书时，利用智慧图书馆3D虚拟化系统，以及RFID、Wi-Fi、蓝牙、

Beacon等传感技术设备，根据读者所需图书的实时位置来计算找书路径，并引导读者找到图书。当读者站在某一个书架前，戴上VR眼镜或其他可穿戴设备等方式精准引领，带着读者一直定位到打开这本书，通过这样一种应用场景，增强读者的体验感以及读者的黏性，同时也提高了图书馆的利用率。如果将智慧路径导航系统结合引导机器人一起使用，由机器人引导读者直至找到所需要的图书，也是一种典型的智慧服务应用场景。

（三）数字人交互体验服务

人工智能系统或机器人能识别读者的语音并将其转换成文本，并与智慧图书馆的数据模型进行查询或比对，将查询结果显示在屏幕上，这就是数字人交互的阅读体验或参考咨询服务。这种服务模式是利用人工智能技术来开发的应用场景，为读者提供一种强体验感的场景服务，显著提高了读者的参与感。在带有交互功能、具有语音控制的触摸屏之上，通过数字孪生技术加载一个数字人，就可以实现与读者进行简单对话，进行实时交互。

（四）智慧阅读体验服务

智慧阅读体验服务由全媒体文献阅读功能模块、虚拟现实功能模块、增强现实功能模块等构成，将文献资源显示环境趋于多元化，实现多渠道、多平台、多工具、多手段的展示。基于智能技术和智能设备的线下或线上的智慧化阅读服务场景，其线下通过引入各种智能阅读设备或提供智慧阅读机器人服务，构建基于5G、全景视频、全息影像等技术的沉浸式阅读学习空间；线上搭建融媒体阅读学习平台、声音图书馆和广播图书馆等，借助云直播、云讲座、云展览等多种形式，为读者远程提供各类形式新颖、互动性强的线上阅读活动。数字资源以空间服务形式展示给读者，如各种电子图书借阅机、智能眼镜以及其他显示设备等，将数字资源从互联网门户平台转移到图书馆空间服务中，方便了读者，进一步提高了图书馆资源的利用率。

（五）全时空移动服务

全时空移动图书馆服务是强调图书馆在移动环境下为读者提供阅读服务的功能。智慧图书馆依托移动社交媒体和图书馆相关的 App，利用大数据的信息优势，通过移动通信设备为图书馆读者提供个性化、便捷化、多元化的信息服务，满足读者利用移动终端使用图书馆各类资源的需要。智慧图书馆的移动服务研究主要包括两个方面：一是基于互联网和移动设备设计智慧图书馆的移动服务 App，常见的有超星移动图书馆、CNKI 中国知网的全球学术快报等，通过 App 访问移动图书馆，读者可以实现书目查询、常用字段检索、文献检索、文献下载、全义阅读、文献传递、新书预约、图书续借、新书通报等功能。二是利用微信公众号、微信小程序、微博等移动社交媒体实现移动服务，如利用微信小程序、微信公众号实现书目查询、个人借阅查询、预约、咨询以及信息推送等服务。

（六）教学支持服务

图书馆使用各种信息工具与新技术为教学与科研提供信息保障服务，创新服务方式、拓展服务内容以及服务领域，进一步提升图书馆的服务效率和质量。教学支持服务方式主要有通过整理馆藏纸电资源和收集网络免费资源建设教学参考平台，建设嵌入图书馆资源和服务的网络学习平台，实现信息素养与学科课程融合的信息素养教育以及学科导航库等，实现全学科、全时空的多维整合服务。

（七）智慧社群服务

智慧社群系统是为读者提供学习、社交和娱乐融合一体化的空间。

结合O2O（线上线下）融合发展的思路，将信息技术与社区管理相结合，为读者提供便利、优质、全方位支持和体验。图书馆通过协同学习，全面整合馆内馆外以及参与协同学习者自身所拥有的各类学习资源，社区参与者可利用馆内配备的电脑设备、投影、网络以及相关软件开展协同学习和研讨。

总之，智慧图书馆的智慧服务是通过采用各种更智能的方式将有价值的相关信息内容呈现给图书馆读者。智慧服务的核心要素包括采用最先进的信息技术、理念以及移动设备，如云计算、大数据、物联网、智能设备等。大数据和云计算作为智慧图书馆的重要支撑技术，使图书馆不仅拥有了海量的数据存储能力，而且极大提高了其计算分析能力。而物联网技术可以通过一整套智能系统实现图书馆与读者之间的动态交互，带给读者更好的服务体验。

第三节　智慧图书馆的智慧技术应用

一、管理与服务中的智慧技术

智慧图书馆的显著特点就是大量新技术的叠加应用，其中RFID技术是当前智慧图书馆建设过程中使用最广泛的一种物联网技术。利用RFID技术结合自助借还机、自动分拣设备、智能书架、移动盘点车、机械手等智能化设备对图书期刊进行管理，实现图书流通、图书分拣、书籍定位、图书盘点、自动上架、安全防盗等功能。图书馆的RFID电子标签主要有高频（HF）和超高频（UHF）两种，其中超高频标签价格便宜、体积小、读取速度快且读取距离较远，但抗干扰能力较弱容易出现超范围误读的问题。高频标签成本较高、体积较大、抗干扰能力强，但读取距离较近容易出现数据漏读问题。总体而言，目前图书馆所用的 RFID 电子标签正逐步向超高频标签过渡，跳频、存储容量小、设备成本高等问题正在逐步被解决。

智慧图书馆利用云计算技术进行数据储存与管理，大数据技术实现数据分析、挖掘读者的行为习惯和偏好；利用 5G 技术提高网络传输速率，使读者能够通过移动终端设备获得更好的服务体验；利用人工智能技术结合机器人设备，辅助图书馆员进行读者接待、智能咨询、智能检索、导引导航、自动盘点等服务；利用智能传感器设备实时采集图书馆的环境、空间、人员、设备等数据信息，如温度、湿度、照明、空调、通风、粉尘、噪音、自习座位以及人流量等数据信息，为读者营造更加舒适的阅览环境，同时达到节能减排、绿色发展的作用，实现了智慧场馆的建设。

二、智慧技术的应用案例

在智慧图书馆建设实践中，智慧化技术（智慧性特征）应用主要体现在五个方面，即智能化设备、智慧服务、智慧空间、智慧化系统和智能书库。其中，关于设备、服务和空间方面的智慧化建设可以随时启动，而智慧化系统和智能书库的建设必须在条件成熟的前提下才可以启动建设。

（一）智能化设备

1.借还机器人

上海图书馆推出了"智能咨询导览借还机器人"，这种机器人集咨询、导览、图书借还等多种功能于一体，并可以根据需求开启不同功能模式。目前，上海图书馆东馆一楼、三楼各配备了6位机器人"馆员"，为读者提供图书借还、图书检索、图书讲解、送书到位、预约领座、室内导航、路线展览、智能对话、巡逻广播等服务。

管理员具有对机器人进行路线配置、重量配置、服务点设置等功能权限。路线配置是指可增减路线上的点位，或者更改路线上的点位顺序。重量配置是指配置还书箱的箱满阈值，当还书箱的重量达到设定阈值时，机器人会自动前往清箱的点位。服务点设置功能用于配置机器人在导航和巡逻任务结束后是否需要返回服务点，以及服务点位置的统一设定。此外，机器人可设定工作时间，分为上班时间和下班时间，并可多段设置。

2.搬运机器人

上海图书馆内配备有搬运机器人。上海图书馆东馆汽车穿梭还书亭在面向馆内车道和馆外人行道的方向，分别各开放两个还书口，对应支持24小时不停车还书和人行自助还书。还书口放入书籍通过皮带输送至亭内还书箱。还书亭内的还书箱在装满书后，由搬运机器人搬运至馆内。搬运机器人具有声光提示功能、一键呼叫、急停功能（搬运机器人配备有四周安全气囊）、障碍物识别、智能化平台状态（显示搬运机器人当前借书口剩余可还书量、运行状态是否异常等）、自主遥控小车功能、自动充电功能、短信报警功能等。

3.盘点机器人

传统图书盘点主要靠馆员手工操作完成，需要耗费大量的人力与时间。近年来，代表着自动化、高效化、智能化的智能定位盘点模式被运用到图书馆的日常管理中来。智能盘点机器人是智能定位盘点的一种应用形式，其融合物联网感知技术、人工智能技术、计算机视觉以及工业机器人技术等多种技术，自动扫描图书馆场馆环境进行自适应绘图并且读取图书RFID电子标签中的信息，实现全自动化图书盘点与定位，解决了长期以来图书人工盘点工作的难题。上海图书馆东馆采用了智能定位图书盘点机器人，其具有自主导航、双升降杆模块、自主盘点、智能避障、自动充电等功能，不仅减轻了馆员的体力工作强度，也提升了图书盘点的效率，同时为读者提供更好的借阅体验。

（二）智能书库

苏州第二图书馆是苏州市最大的图书馆，其智能立体书库是国内首个智能化的高密集型书库，可容纳近700万册藏书。智能立体书库内全程自动化存取书籍、高速分拣和精准配送，实现了高密度储存和高效率利用。智能立体书库作为苏州图书馆总分馆体系的文献典藏和共享流通等核心业务的保障中心，集文献采编、典藏、流通、数据管理等功能于一体，负责将各图书馆下架图书、保障图书、新增图书等集中保存调配，促进了全城文献流动，提升了文献服务时效。

（三）智慧化业务系统

1.管理数据平台

甘肃省图书馆的"智慧甘图综合管理平台"是大数据、人工智能等新技术与图书馆管理与服务场景深度融合的尝试，打通了场馆建筑、设施设备、文献资源、馆员和读者等要素，实现了图书馆智慧管理与服务。该平台采用先进的智能采集技术、数字孪生技术和大数据技术，通过构建基于微服务架构的图书馆数据中台，提供面向决策层的大数据集成分析、面向管理层的绩效管理、面向执行层的资产管理、面向读者的资源一体化服务，实现对图书馆业务、环境、资产、人员、过程等要素的深度融合、全方位感知和可视化管理，解决了图书馆建设发展过程中系统部署分散、数据标准不一、管理难度增大、无法集中进行深度分析等难题，实现了服务质量的提升。

2.智能采分编系统

广东省立中山图书馆在"智慧图书馆"建设中，推动建设"采编图灵"图书采分编智能作业系统。该系统利用物联网、人工智能和工业机器人等技术，重构了采分编的工作流程，实现了采分编传统人工作业向自动化、智能化操作的转型升级。"采编图灵"第二代系统实现全流程智能化控制，即采用全数字化技术，通过核心控制系统全面实现对所有自动控制器、工业机器人、图像捕捉、信息采集等设备的统一调度与协作，可实时追踪、监控及反馈全系统任意图书的信息及位置状态、当前作业工序、系统各模组运行情况和控制器的数据交互情况。同时，该系统采用基于神经网络的图像识别技术，可以精准捕获图书三维数据及坐标位置，完成一系列自动翻页等操作。"采编图灵"是目前国内外图书馆行业先进的智能化图书处理系统，受到业界内外广泛关注，为业界探索和建设"智慧图书馆"提供了应用场景和宝贵经验。

（四）智慧服务

1.VR骑行

上海图书馆"红色VR骑行"项目是利用上海图书馆馆藏红色文献，整理出1000多个红色景点并按主题设计了多条红色路线，提供了"国歌的诞生""海派文学里红色基因""上海，中国共产党的诞生地""重走红色电影之路"等12条红色路线。上海图书馆结合物联网、人工智能、数据挖掘、虚拟现实、增强现实等技术手段，将物理空间、虚拟空间与资源信息服务紧密融合，揭示上海红色建筑、红色历史等丰富的红色资源。读者可通过戴上头盔或利用大屏进行互动，根据自己的兴趣选择行程，以动感单车骑行的方式在虚拟现实中完成上海红色文化旅游体验。

2.地磁导航

广州南沙图书馆的地磁导航系统是国内图书馆的首次应用。在馆内，读者只要打开蓝牙，通过微信公众号的菜单便能实现人工智能导航，精确找到图书架位。读者能够在馆内不同区域查询图书，并能够清楚地看到书本在馆和外借的册数，解决了"找书难"的难题。

3.无感借还

江西省图书馆为解决流通服务效率低下的问题，推动建设了图书"无感借还"智慧流通服务系统，采用红外光幕技术、人脸生物识别技术、RFID无线射频识别技术实现读者无感借还图书。通道分为"无感借书通道"和"无感还书通道"，读者携带图书从通道出馆即可完成借书，从通道入馆即完成还书。相较于传统借还书流程，智慧流通服务无需读者携带借书证或进行基于触摸屏式人机交互操作，读者只需携带书籍自然通过无感通道即可快速完成借还手续。"无感借还"场景服务为读者提供了便捷、高效和智慧的图书流通服务。

（五）智慧空间

智慧空间就是各种新信息技术和智能化设备的一种综合应用，主要是以提升用户体验为目标。

1.重庆图书馆

"智慧重图微体验区"是重庆图书馆引入智慧图书馆核心技术打造的，以智慧化阅读体验为主题的"馆中馆"。其凭借数字孪生、大数据分析、AI等技术，体验区融智慧空间、智慧平台、智慧阅读、智慧服务、智慧管理于一体，创新打造了"重图映像""智慧小图""百变化身""数字藏品""智能云游""VR阅读""大咖讲书""智慧书架"8个智慧服务场景，带给读者丰富的智慧体验。三维高仿真虚拟数字馆员的"热情服务"，得益于智能化技术辅助。虚拟数字馆员具备了人机对话功能，针对读者的个性化需求，它也能给出相应推荐。借助AR设备全景体验馆内重要文献、珍贵藏品的数字版本，与现场看实物的感受相比很不一样。"重图映像"场景则利用数字孪生技术复刻出了数字版本重庆图书馆——数字孪生重图，叠加物联网设备实现虚、实馆舍间实时数据交互。另外，"VR阅读"场景应用5G、VR、视频特效技术，打造沉浸式效果的虚拟阅读环境，带来全新的学习体验。而"智慧书架"场景，则在普通书架上集成 AR 场景识别、图像特征提取设备，方便读者获得图书定位，实现了刷脸借书等智能借阅功能。

2.深圳盐田智慧书房

深圳盐田区秉持"一书房一主题一特色"的建设理念，在辖区公园、绿地、街道、社区等区域建设了 10 座智慧书房，将智慧化引入书房的建设、服务、运营、管理之中，实现无人值守、智慧感知、个性化导读、远程教育服务、垂直统一管理等功能，为读者提供就近、便利、一体化、人性化的服务。沿深圳市盐田区海滨栈道前行，10 座智慧书房风格各异，与周围景观融为一体，构建出一条极具建筑美学的"文化风景线"。为实现阅读场馆全年不打烊的目标，"智慧书房"引入智慧管理系统，应用物联网、AI 交互、大数据分析等技术，实现了全区场馆运营情况实时联通、一体融通，以自动化、效率化的管理模式，让阅读资源更加高效运转。

第四节 智慧图书馆门户网站的建设

为应对图书馆读者日益增长的个性化需求，提升图书馆的服务能力和服务水平，许多图书馆致力于空间的改造升级来提升线下服务，同时通过移动图书馆、微信公众号等平台提供线上服务。图书馆门户网站是图书馆开展线上服务的主要阵地，建设图书馆智慧门户才能实现构建全新的图书馆线上线下融合的服务体系。

一、智慧图书馆门户网站的分析

（一）传统门户网站的弊端分析

传统图书馆的门户网站以提供数据库访问、电子资源检索利用为主，围绕资源开展各项服务为辅，对读者提供统一的界面、栏目和内容。随着新技术的革命、信息化技术的快速发展，人们工作、生活、学习节奏越来越快引发读者需求也不断变化。在此背景下，传统图书馆门户网站在网站风格、页面布局、资源获取以及用户体验等方面已经不能满足新形势下读者的需求。传统门户网站存在着系统框架陈旧、检索方式复杂、界面访问不友好、信息资源利用率低等问题，同时也存在栏目设置不够规范、层次不够清晰等问题。虽然有一些网站栏目划分得很细致，但在主页上简单地罗列、堆砌所有资源和服务的入口，呈现的栏目、功能过多，显得杂乱无章，甚至还存在简单重复的问题，直接导致读者体验不佳。

图书馆网站有别于其他网站，其建设理应更加聚焦用户目标。传统图书馆门户网站基于访问数据的分析，仅仅停留在对网页点击率的统计，通过访问量数值的大小来反映某一个数据库或者某一页面的受关注程度。但是，无法获取具体某位读者的访问行为数据，无法进行基于数据挖掘的读者行为分析，无法掌握某位读者的真实需求以及对某个功能应用的偏爱程度，无法实现以用户需求为导向对网站栏目、页面布局、服务内容等进行灵活调整，无法针对不同读者开展个性化、差异化、精细化、智能化的信息服务。

（二）智慧图书馆门户网站的建设意义

智慧图书馆阶段，图书馆的管理由以往围绕"资源管理"为中心转向以围绕"服务"为中心。图书馆的门户网站作为承载着资源、服务和管理深度融合的重要服务载体，是智慧图书馆建设的重要组成部分，成为一个伴随读者一起生长着的有机体。在新技术、新时代背景下，需要以读者需求为根本出发点，充分考虑读者体验，以大数据分析为驱动，构建新型的智慧图书馆门户平台。由于读者个体需求的差异性，图书馆智慧门户需要去统一化，具备满足个性化需求的信息服务功能。智慧门户网站以读者需求为导向，将读者需求放在首位，综合读者需求、馆藏资源、服务方式、互动交流、用户体验等方面，为读者提供个性化、泛在化、精细化、智慧化及可自定义的门户网站服务。

（三）智慧图书馆门户的设计分析

智慧图书馆门户是新技术支撑下的泛在化、便捷化和跨时空的读者服务窗口和平台，包括 PC 端门户和移动端门户。它是以读者需求目标为导向，以服务为中心的经过科学设计的新型集成管理与服务平台。智慧图书馆门户建设包括网站风格、网页布局、栏目设置、资源揭示等方面的建设。智慧图书馆门户的建设要把控网站整体风格、网页美工、栏目布局和栏目设置，同时还要考虑网站信息安全等诸多问题。它注重读者的使用体验，可以实现为每一位读者提供个性化、均等化、精准化和智慧化的信息资源服务，进一步提高读者的满意度。它提供整合检索、知识导航、定位导航、空间预约、学科服务、社群服务、参考咨询、个性化定制等智慧服务功能，将智慧图书馆的实体服务功能在智慧门户的虚拟空间中得以充分体现，使得读者可以简单、快速、精准获取所需资源和个性化服务。

智慧图书馆门户页面不仅要美观大气，栏目设置也要科学易用，更重要的是资源的深度揭示效果、服务整合能力和大数据分析研究水平。智慧图书馆门户整合了馆内馆外纸质资源、电子资源、自建资源、OA 资源、免费共享资源等，主要内容遵循以下三个原则：第一，以数据挖掘为应用基础。第二，以师生需求为开发导向，通过实时感知获取师生需求，改变以往传统的单向供给的服务模式。第三，以响应需求为功能核心。智慧图书馆门户旨在全方面获取师生读者的多方面、多样化需求，并对师生需求进行多层级、多维度的划分，并精准提供服务响应。

智慧图书馆门户突出信息资源揭示与发现，增强与读者的互动反馈和双向交流，强调用户使用体验，支持多终端访问。智慧图书馆门户支持模块化选择，提供一站式整合检索、基于定制的主动推送、交互式服务问答、智慧参考咨询等。智慧门户实现智能网关、统一认证和单点登录，满足读者的安全需求，并可实现对读者访问权限的管理。

1.智慧图书馆门户的风格设计

智慧门户不再仅仅是功能和内容的展示，也是品牌营销的脸面和文化气质的展示窗口。智慧图书馆门户要美观大方、稳重大气，具有与学校或机构一致的文化气质。背景设计在新一代网站页面设计中尤为重要，通过封面背景打造适合图书馆的品牌形象，凸显图书馆的人文气质。

智慧门户界面设计要符合新时代审美要求，扁平化、简约化的多屏呈现的设计方式是新时期大多数网站改版的趋势，以扁平化风格为主，简洁大方、主题突出。智慧门户设计逐渐从一屏目录式，向多屏封面目录式的方向发展。操作界面更加人性化、以方便读者为原则，符合用户使用习惯。网站栏目经过分类后被分别展示在不同的主题页面或应用场景页面中，同时配上与主题相适宜的风格图片，主题清晰且页面内容更丰富。

传统的图书馆门户网站主要将本馆概况、新闻公告、服务指南、数据库列表放置在主页的醒目位置，且一屏显示。通过进入频道页后呈现二级栏目，但图书馆首页并不能直观的展示图书馆的资源服务能力。智慧图书馆门户主页采用多屏显示，每一屏以某一资源服务场景作为主题，可以更直接地把各项服务向读者展示。主页的样式和栏目可以因需而设，各版块可以进行增减和位置调整，主题风格可以根据需要随时切换不同风格。同时，支持轮播图、Gif图片等个性化展示窗口，提供第三方应用服务系统的集成接口。

智慧门户的整体风格趋于两种不同的式样。一种是参照百度等搜索引擎门户的模式，采用极简的一站式检索，提供最直接的核心搜索功能框；另一种是参照电子商务网站的模式，把文献资源看做一种商品主动向读者进行推送服务，这是两种完全不同的网站风格模式。智慧图书馆是从以资源为中心向以服务为中心的管理服务模式转型的。因此，智慧门户建设可以参照电子商务网站的模式，根据不同的服务应用构建不同类型的频道，按照应用场景搭建不同的板块；或者提供读者自定义网站的功能，这样也体现出智慧门户服务的个性化和人性化的特点。

2.智慧图书馆门户的网页布局

智慧图书馆门户在布局方面应符合读者需求，层级清晰、重点突出、优化读者体验，要以读者服务为中心，将"资源、服务和管理"整合在一个网站框架下，实现一站式的集成管理。同时，还要符合交互友好、使用便捷和安全稳定的设计要求。

智慧图书馆门户内容类型复杂，有多类型的海量文献资源、多样化服务项目和空间设施，有丰富的文化活动、特色资源、实时数据，以及读者使用数据等内容信息。网站门户布局要突出资源整合检索、服务应用集成和读者互动交流，实现各类资源的全面整合和深度揭示，通常是将统一检索放置在中心位置，提供基于全站、全资源、全方位的整合检索，实现为读者提供高效便利、精准全面的信息服务。门户首页快速导航中放置具体栏目的原则是以经常被访问的热门栏目、特色栏目、体现读者互动的栏目和展示图书馆文化内涵的栏目为主。门户首页通常还用来展示图书馆各种统计大数据，展示馆藏资源的使用统计等，如当前在馆人数、数据库访问情况、座位使用情况等。

美观大方的界面设计和科学的内容布局直接决定了网站是否能带给读者良好的用户体验。Steve Krug曾提出可用性的三大定律：尽量不让用户思考，让界面的所有信息变得一目了然；需要点击多少次没有关系，但要实现每次都是直接且不假思索地点击；删除页面上多余的文字。这是智慧门户设计的基本原则,唯有以此原则进行界面设计,才能让读者更加便捷、舒适地使用智慧图书馆门户。

总之,智慧门户应突出读者互动服务的便捷性、多样性和实用性,向读者提供精准化、个性化、智慧化服务是大势所趋。

3.智慧图书馆门户的栏目设计

传统图书馆网站一级栏目通常设置"首页""资源""服务""概况""帮助"等。智慧图书馆门户不再是资源的简单堆砌,而是面向读者服务的窗口,是实现由资源管理向服务管理转型的改变。因此,智慧图书馆门户的栏目功能设计及分类应围绕着以"服务"为中心,体现"以人为本"的服务理念。

智慧图书馆门户包含主页导航模块、专题服务页面、页面元素模块、接口开发模块等组成。主页导航模块通常包含专题服务页面导航、主页栏目导航、数据库导航、快捷方式导航、办事流程等。专题服务页面导航一般包含首页、本馆概况、新闻公告、文献资源、服务大厅、学科专题、阅读推广页面等。页面元素模块因服务专题不同,其构成元素也有所不同。例如,最常被设置在主页的元素有统一检索(一站式)搜索框、馆藏资源分类导航、专题页面导航、快捷链接等。不属于内容层次的功能提示,主要设置的有开馆时间、中英文版门户切换、站内搜索、个人图书馆登录等。接口开发模块,智慧图书馆门户提供API接口对接各个业务系统和文献数据库。校内统一身份认证接口:采用与智慧校园相同的账号密码,方便读者;数据库接口:各个数据库与智慧图书馆门户进行对接之后,向元数据仓储中心上缴数据,实现一站式统一检索;业务系统对接:图书馆各业务系统如门禁系统、OPAC系统、论文提交、校外访问、图书借还、读者荐购、座位预约、研讨间预约、存包柜、考勤、办公OA、资产管理、馆务管理、采访系统、参考咨询、个人图书馆等。

智慧图书馆门户的栏目分类方式也需要有所变革。首先,随着网站服务栏目的不断增多，首页中栏目分类需要科学细化，遵循简洁易懂、快速访达的基本原则，如将"服务"细分为"科研支持""学习支持"和"教学支持"等。其次，采用新的栏目分类方式，比如根据读者类型、读者角色而设置了不同的专区或功能区，如学生专区、教师专区、新生专区、毕业生专区、校友专区、访客专区等，体现以服务为中心的宗旨。新时期图书馆肩负着阅读推广的使命，智慧门户也需要设置与阅读推广相关的专题栏目，如清华大学图书馆门户中设置了"爱上阅读"之类的阅读推广专题栏目。

总之，智慧门户既要有共性的常规栏目，也要有符合学校学科发展要求的服务栏目，还要有区别于其他高校图书馆的本馆特色栏目，才能更好地满足本校师生在教学科研方面的信息资源需求和个性化服务需求。

4.智慧图书馆门户建设的启示

杰柯柏·尼尔森在《眼球轨迹的研究》中指出，大多数用户习惯以"F"形状的模式浏览整个网站页面。首先水平移动浏览，接着目光下移再进行短范围的水平移动浏览，然后沿着网页左侧进行垂直扫描浏览。基于此理论，在进行网站首页的设计时，应将关注度最高的元素放置在网页中心偏下的位置，如检索框、快速链接等。

网站建设应充分考虑读者的共性与个性的需求，设置角色专区可精准对接不同类型读者的需求，如设置学生专区，放置书目查询、座位预约、论文提交、读者活动、图书荐购、电子资源等内容，教师专区放置数据库导航、学科服务、教学支持、科技查新、数据库荐购等内容，校友或访客专区放置图书馆动态、开放时间、图书馆概况、联系方式、文化活动等内容。智慧图书馆门户采用响应式 Web 设计，兼容主流浏览器，满足师生对于台式机、笔记本、平板电脑、手机等不同设备的访问需求，提高门户前端页面的用户体验。同时，也应重视英文网站的建设，提供必要的概况介绍，以及留学生读者关注的资源与服务，从而提升高校图书馆对外宣传力。

高校图书馆越来越关注和重视提炼、挖掘自己的精神底蕴和文化价值，智慧图书馆门户更加注重凸显出高校和图书馆的文化气质，以及突出学校的学科文化特色。门户的栏目内容要体现图书馆的文化底蕴，图书馆文化从馆徽、馆训、馆服、馆歌发展到服务品牌项目的营销。在网站栏目内容建设方面，专门开辟宣传图书馆文化的特色栏目，如文化展览、文化育人、图书馆风貌、阅读推广、学生品牌团队、品牌文化活动、馆员服务能力提升、服务之星评选、服务创新案例大赛等。

（四）智慧图书馆门户的特征分析

智慧图书馆门户的特征体现为全面立体的深度感知、泛在化的互联互通、多元空间的深度融合、千人千面的智慧服务等。

1.全面立体的深度感知

全面感知是智慧图书馆主要特征之一。智慧图书馆门户通过统一认证系统初步感知读者角色信息，利用自然语言语义分析技术对咨询过程中的用户语义进行理解和需求感知。利用人工智能和神经网络技术对读者访问轨迹进行预测判断，感知用户行为。针对读者的检索、浏览、下载等行为日志记录进行数据挖掘，利用智能分析算法分析读者的需求偏好，预测读者潜在的信息需求。建设读者兴趣模型或用户画像，实现个性化、精细化和智能化的信息资源推荐服务。同时，对读者需求的全面感知，也有助于优化网页布局和栏目设置，进一步提升读者满意度。

2.泛在化的互联互通

广泛互联是指资源、服务和管理之间的互联互通。图书馆要将所有异构资源和系统应用全面整合在一个平台之中，实现一个后台集中管理。图书馆实现全站资源、服务的深度整合和揭示，其难点在于图书馆业务系统多、数据源多，数据类型杂，数据格式不统一。智慧图书馆要实现资源、服务和管理的一体化、一站式，就必须对相互独立彼此隔离的各个异构业务子系统进行无缝对接，规范统一的数据收割标准和建立统一的接口标准。否则，无法实现异构系统平台、异构数据的泛在互联互通，无法实现基于大数据的智能分析和数据挖掘。智慧门户的建设要建立统一的数据标准和专用的数据仓储，这是打通智慧图书馆各个系统实现互联互通的基石。

3.多元空间的深度融合

传统图书馆以实体图书馆为主体，用户查找资料时需要先去了解图书馆馆藏分布、空间布局、文献获取方法和有关文献数据库。智慧图书馆的空间具有多元化，包括物理空间、虚拟空间、知识空间和共享空间。智慧门户的设计是基于多元空间整合的设计理念。让智慧门户成为读者学习、研究、交流的智慧空间和文化场所，实现线下实体空间和线上虚拟空间的无缝连接和同步。智慧门户提供线上学习空间，实现知识空间与虚拟空间的融合。智慧门户提供个人空间，记录读者的研究方向和兴趣偏好，实现个人空间与知识空间融合；智慧门户提供虚拟社区服务，促进知识的互动交流，实现精神空间和知识空间的融合。

4.千人千面的智慧服务

智慧门户应能根据不同读者提供个性化的应用场景，而不是千人一面的服务栏目、资源和内容。传统图书馆的门户以信息发布为主要目的，既没有考虑用户阅读习惯，也没有关注用户使用反馈。智慧门户将读者需求放在首位，追求的是用户互动交流和信息高效获取。智慧门户基于Web数据挖掘技术，利用路径分析技术、序列模式技术、协同过滤技术等了解读者行为习惯和潜在信息需求，开展个性化信息服务和信息智能推荐及推送服务，彰显图书馆以人为本的服务宗旨。通过对资源数据、访问渠道、用户行为轨迹、浏览数据、下载数据、转载路径、意见评价等系列大数据的收集和整理，分析资源特征和读者行为特点，挖掘读者偏好，利用人工智能进行决策分析和优化服务。智慧化分析技术是基于收集读者在图书馆的所有使用数据和行为记录，进行数据分析和深度学习。读者的画像描述是作为读者需求分析和预测的基础。智慧图书馆基于机器学习和利用数据挖掘技术生成读者画像，依据资源画像和读者画像实现精准服务和个性化推荐。同时，通过建立虚拟学习社区，打造学术交流的生态圈，深入开展知识共享和学术推荐。

5.资源的深度整合和揭示

传统图书馆门户采用简单罗列数据库为主，对于文献管理以库为粒度的粗犷式管理。资源发现系统缺乏深层次整合，面向用户提供搜索服务和揭示平台服务，但未能真正实现基于元数据整合的一站式检索。资源的深层次整合和统一检索是智慧门户建设的重点和难点之一，也是智慧图书馆建设的基础。智慧门户在底层打通图书馆的各路"经脉"，实现数据全面融合，提供统一检索，实现多维度整合资源，即整合不同平台或渠道资源，整合不同载体或类型的资源，提供基于全站、全资源、全方位的整合检索。智慧门户扩大获取资源的广度和深度，帮助用户提升学习和研究的深度和广度，如读者检索图书，结果中同时推送馆内馆外、纸本和电子、无声或有声图书，以及互联网网页信息等多种类型的资源。在个性化服务方面，能够根据不同读者的研究方向和访问需求实现精准服务和智能推荐。

6.平台开放扩展和可靠安全

智慧门户需要为第三方数据资源平台提供标准的API接口，实现不同系统平台数据的集成与融合，方便进行全域、全过程的数据采集，便于后期的升级与扩展。智慧门户提供7×24小时的不间断服务，所以软硬件系统都必须要稳定可靠。在建设过程中，需要采用先进的服务器技术，如虚拟化技术，具有双机热备和容灾机制等。软硬件系统如果发生故障，系统会立即启动备份设备系统，迅速恢复智慧门户系统服务。

二、智慧图书馆门户的功能构成

（一）智慧图书馆门户的平台设计

智慧图书馆门户可由读者使用平台和集成管理平台两大部分组成，功能设计可以从资源整合、统一检索、应用集成、数据管理、数据分析、学科服务及读者服务7个方面来综合考虑。

1.集成管理平台

集成管理平台包含图书馆OA系统、内容管理系统、文献元数据整合管理、服务应用集成管理、纸电一体化管理、学科服务管理、数据库商管理、资产管理系统、大数据统计分析、读者行为分析、读者信息管理、读者交互服务管理、内容审核管理、操作权限管理、数字资源开发接口、统一认证管理、智能网关管理、系统集成API接口等。

2.读者使用平台

读者使用平台针对读者提供服务，是读者获取各类资源和服务的窗口。其包含读者登录系统、读者入馆教育、文献一站式检索服务、纸电一体化服务、数据库导航、服务应用导航、空间预约服务、参考咨询服务、课程资源平台、学科服务平台、阅读推广专题、资源评价体系、读者个人空间、在线社区空间、读者智能推荐等应用平台。

（二）智慧图书馆门户的功能作用

1.单点登录

单点登录（SSO，英文全称 Single Sign On），是指在多个应用系统中，用户只需要登录一次即可获得访问其他关联系统和应用软件的权限。用户不再被多次登录困扰，也不需要记住多个用户名和密码。智慧图书馆门户集成了多个第三方系统应用，单点登录系统实现了智慧门户各个应用系统之间的全面整合。

2.统一认证系统

统一认证系统又称为统一身份认证系统（UIAS，英文全称Uniform Identity Authentication System）。所谓身份认证，就是判断一个用户是否为合法用户的处理过程。最常用的简单身份认证方式是系统通过核对用户输入的用户名和口令，与用户信息库中存储的该用户的用户名和口令是否一致，来判断用户身份是否合法。统一认证系统是SSO的前提之一，但身份认证一般与授权控制相互联系。智慧图书馆门户的统一认证系统可以通过对接学校信息中心的统一认证系统，实现读者身份的认证和识别，根据读者的不同身份，呈现相对应的智慧门户页面，进而提供具有针对性的栏目、服务和内容资源。

（三）智能网关系统

读者通过智慧门户点击访问某一个数据库时，门户通过智能网关系统判断校内访问还是校外访问。智能网关实现将地址重写技术、WEBVPN、CARSI及单点登录等技术融合一体，更加广泛地支持智慧门户中各种电子资源的校外访问功能。智能网关能够对接各类资源访问入口系统，根据用户的访问场景，为用户选择最佳的资源访问方式，实现无感知切换，简化操作提升用户体验。

智能网关自动判断用户来访的IP范围，当用户来访IP地址为校内IP地址时，将自动引导其采用数据库原始地址进行访问。若用户来访IP地址为校外地址，则首先判断用户是否处于登录状态。若未登录，会触发跳转到统一认证系统登录界面。登录成功后，将用户访问站点请求提交至远程访问策略解析器。策略解析器根据预先设定的每个数据库站点远程访问方式的优先顺序，选择最优化的远程访问方式进行访问。假如访问策略解析器引导用户采用Webvpn模式访问时，智能网关系统将目标URL地址重定向为Webvpn地址，并引导用户进行登录操作，验证身份合法性。若Webvpn认证的单点登录方式与智能网关系统认证的单点登录方式相同。若用户之前已在智能网关登录过，此时不用重新手动填写登录，系统会通过浏览器Session完成自动登录；如果单点登录方式不相同，则需要再次触发手动重新登录。

（四）数据仓储

构建智慧图书馆数据仓储，其目的是打通图书馆内部、第三方机构、线上线下等多源异构数据系统之间的壁垒。同时，建立图书馆数据标准和数据资产，进行数据收集、清洗、分类、关联、融合、比对等全域数据的管理，以元数据的形式存储在智慧图书馆数据仓储中。智慧图书馆通过元数据自动采集系统实现对不同平台、不同类型的数据资源进行自助采集，并进行规范处理和分类存储。元数据仓储实现了文献库、刊、篇级的深层次整合和多级管理。

1.电子资源元数据整合

平台可对馆内、馆外的所有异构数据库以元数据的格式进行收集、整理、清洗、去重、合并、储存，为每一条元数据按照编码规则分配唯一的数字馆藏号，并保留全部来源信息，实现精细化管理。元数据按照一定的周期定时更新，支持对元数据的添加、删除、修改、禁用等操作。确保不同来源的数据资源具有完整性、准确性和有效性，能被图书馆统一存储、获取和利用。

2.纸质文献数字化

馆藏纸质文献进行数字化加工，实现馆藏资源全部电子化、数字化，并提供全文下载。纸质文献元数据更新到图书馆元数据仓储，并在平台内与电子资源元数据进行去重合并，通过副本的属性保存各自来源的差异信息。

3.纸电一体化服务

图书馆梳理纸本文献和电子资源的相互对应关系，建立纸本文献和电子资源一体化的线上线下融合服务机制。同时，构建线上线下多渠道的资源采选模式。进行纸本文献和电子资源的统一采购，根据不同场景面向读者提供线上线下统一的检索和阅读服务。根据读者全新的阅读习惯，为其提供数字化、移动化的线上服务和阅读空间的线下体验。

4.馆藏电子资源管理与分析

图书馆面向馆员提供馆藏电子资源管理功能，结合全面的统计数据信息，更好帮助图书馆采购和管理电子资源，妥善管理分析电子资源的使用情况，优化资源配比、支撑馆藏学科资源建设。

（五）一站式资源检索

在服务理念上，智慧门户应以互联网思维构建智慧化资源服务模式。智慧图书馆门户网站不仅需要提供面向学科的专业化、精细化的检索，更要提供更便捷、易操作和智慧化的一站式检索方式。统一检索入口为读者提供一站式资源检索框，检索范围覆盖馆藏纸质图书、电子图书、文献数据库、数字资源、OA资源、共享资源以及站内信息内容等。

传统检索过程中，需要先选择数据源和数据库，再选择数据文献类型如图书、期刊、学位论文、标准、年鉴、专利等，然后选择检索途径如关键词、篇名、作者、机构、刊名等，对于并不熟悉检索知识的普通读者来说，检索过程十分烦琐，直接影响了检索效率和用户体验。基于资源整合的一站式检索，打破各个异构系统之间的壁垒，实现纸质和电子资源、馆内和馆外资源、采购的和免费资源、自建和共享资源等所有资源的一站式统一检索，多个数据库来源的相同文献可以进行去重合并，只提供一条元数据，但全文获取需要提供所有的数据来源。

一站式检索是智慧图书馆门户建设的核心内容，其为读者提供了操作简单、高效便利、精准全面的"一站式"学术资源搜索服务。一个关键词检索，同时返回相对应的所有类型的馆藏资源，如馆藏纸本图书、馆藏电子图书、文献数据库、OA资源以及其他共享资源等。资源类型包括图书、期刊、学位论文、会议论文、标准、年鉴、专利、报纸、音视频、图片、文档等类型。一站式检索可按照读者个人专业背景、阅读兴趣偏好等进行相关知识的拓展性智能推送。读者检索时，搜索引擎根据读者的检索关键词，在元数据仓储中进行快速搜索并对检索结果进行去重、合并、排序等一系列处理，且按照一定的算法规则将结果呈现出来。同时，当读者访问电子资源时，识别读者身份信息，记录读者检索、浏览和下载等行为数据，为资源的智能推送提供参考决策依据，为大数据分析奠定了数据基础。一站式检索系统为读者提供完整的信息解决方案，当电子全文无法满足时，结果页面提供文献传递服务；当纸本图书无法满足时，结果页面对接读者荐购系统。

（六）专业学科服务平台

智慧图书馆门户的建设应在常用资源的基础上，突出馆藏特色资源，构建特色馆藏体系，尽可能全方位保障资源的揭示。智慧门户除了提供常用的文献数据库资源，还应该提供具有本校学科特色的数据库资源，提高这些特色资源在馆藏资源中所占的比重，提升馆藏资源的差异性。这样可以一定程度上吸引更多读者的关注，提高图书馆信息资源服务的竞争力，进一步满足高校教学科研及读者的需求。

学科知识服务平台是以学科为基础，建立各学科资讯、文献、课程、会议、人物、机构和专利的聚合系统平台，将网络上有关学科的信息聚合到图书馆学科服务平台上，便于读者及时通过平台了解相关学科发展信息。从学科资源服务的角度，提供以学科为主的数据导航、数据推荐模式，深度揭示图书馆数据库、图书、期刊、论文、标准、年鉴、会议资料等不同类型的元数据。学科服务平台根据读者个人画像，推送符合个人兴趣和学术背景的学科资源数据。同时，建立基于学科的互动问答平台，学科馆员可在任何地点通过电脑、手机、Pad等设备，通过嵌入的虚拟参考咨询系统，提供学科化、个性化、知识化、泛在化的全方位的信息保障服务，帮助读者解决在学科教学科研学习过程中遇到的各类问题，并建立学科知识库。

（七）资源智慧推送

智慧图书馆基于大数据分析及数据挖掘技术，在确保读者隐私数据安全的前提下，对读者行为数据进行监测与分析，建立用户画像，根据不同读者的访问记录和行为习惯进行知识和信息的挖掘，分析每一位读者的阅读偏好。基于大数据分析及数据挖掘技术的个性化内容的主动推送，是针对读者的检索、浏览、下载及阅读等一系列行为日志数据进行挖掘，分析读者需求特征，建立读者兴趣模型，预测读者未来潜在的信息需求，并通过信息推送技术将相关度高的且高质量的内容主动推送给读者。

当读者访问智慧门户中的电子资源时，将读者身份属性、读者行为数据、资源身份属性、读者与资源交互的四类数据进行采集，形成用户特征和资源特征的数据集合，基于用户画像或用户兴趣模型对不同的读者采用不同的服务策略，提供不同的服务内容。在全面准确地收集读者入馆行为、借阅行为、使用行为、咨询行为、浏览行为、下载行为等一系列数据的基础上，对数据进行去噪、去重、合并、聚类、整合等一系列处理，利用数据挖掘技术和大数据分析技术分析读者的兴趣偏好和研究热点，并预测读者的需求，将贴合读者兴趣偏好或需求的资源主动推送给读者，实现精准的个性化的资源智慧推送。

（八）读者运营服务

不同类型的读者期望通过智慧图书馆门户获取的资源和服务各有不同，根据读者角色或用户群体不同，为其呈现有差异的服务内容或功能，体现个性化、差异化、精细化的服务理念，可以提升门户网站的认可度和满意度。其服务内容包括：关注读者需求，即分析读者在访问图书馆网站时，常用的功能有哪些?最先关注的内容是什么? 捕捉读者的潜在需求，并科学安排栏目层级设置；文献收藏与订阅服务，即为用户提供知识管理服务，记录并保存个人检索历史、收藏个人关注的文献，订阅连续出版的期刊等；共享知识空间服务，即虚拟共享知识空间主要是提供学术研讨和交流，该虚拟空间不仅可提供在线交流，更为读者提供了与讨论主题相关的资源；入馆教育服务，智慧门户嵌入新生在线入馆教育模块。将图书馆概况、入馆须知、电子资源、图书借还规则、读者服务和特色文化及活动等内容以文字、图片、音视频、动画动漫等多种形式呈现给读者，让新生读者能快速了解图书馆，并能轻松地完成入馆教育学习和闯关通过测试；服务评价反馈，即读者通过服务评价反馈功能对智慧门户网站中的服务应用系统、文献资源库、馆员的服务态度、空间设施服务等进行评价或打分；收集读者意见，了解服务效果，以便于进一步提高服务质量和水平，进一步提升读者服务满意度。

（九）大数据展示

大数据展示系统是运用大数据技术对图书馆的馆藏数据、管理数据、服务数据和读者行为数据等海量数据进行科学分析，将分析的结果以数据图表等可视化的形式在智慧门户网站上直观展示出来，如到馆数据、借阅数据、管理数据、服务数据、纸电资源使用统计、热门资源访问等。大数据展示系统对接图书业务管理系统、电子资源管理系统、读者信息系统、读者活动管理系统、座位预约管理系统、门禁管理系统、空间预约管理系统、统一身份认证等第三方应用系统的数据视图。

1.馆藏资源统计分析

馆藏资源统计分析支持按照数据库提供商、资源类型、资源学科、访问量、下载量等不同维度进行分析，并以可视化的方式呈现。馆藏资源统计分析可以选择单一的数据库、单一资源类型、单一学科、年份、时间段等进行分析，也可以全面展示图书馆各项资源使用的数据，并利用各种可视化技术进行展示和对比。这样的分析方便图书馆管理者直观的了解馆藏资源整体情况，资源使用情况以及资源的受关注情况等。

2.服务使用数据统计分析

智慧图书馆通过挖掘分析智慧门户网站中的服务使用日志数据，了解应用服务的使用情况和受关注程度，有利于进一步优化门户网站的功能布局，为科学调整功能布局、页面设计提供参考。

3.馆务数据监控分析

图书馆智能监控运维包括集成智能用电、环境监控、门禁系统、消防安全监控、视频监控、广播系统、楼宇控制等。

（十）开放性API接口

智慧门户作为各项应用服务系统的整合平台，需要与图书馆其他第三方业务系统和资源系统进行对接，应为第三方系统提供标准化的API接口，提供第三方系统调用平台内的资源数据，方便图书馆扩展各类资源服务应用或对接其他服务程序，进行数据交互，实现单点认证。

三、智慧图书馆门户的安全

智慧图书馆门户网站涉及的安全包括电子资源的安全、读者个人信息安全、读者数据及隐私安全、信息交互过程中的安全。

（一）电子资源安全

图书馆需要确保电子资源的安全，防止恶意下载或被破解下载，可以采取以下措施进行防范。一是通过对登录使用者的身份认证，确保是合法用户；二是通过采用技术手段和相应的系统设置防止资源被恶意下载，当恶意下载发生时，系统自动启动账户封锁和拦截进行阻止；三是提供校外访问专用的安全通道，既方便了师生又确保了数据安全，如 VPN、Webvpn、Carsi 等途径。

（二）读者数据安全

读者数据主要有以下四类：读者个人身份信息，如学工号、姓名、身份证号、单位或学院、系别、年级、联系电话、通讯地址等；读者行为的数据，即涉及读者个人隐私的数据，如进出馆记录、借阅历史、借阅时间、空间使用记录、咨询记录、浏览、检索和下载日志记录等；图书馆服务数据，如借阅量统计、借阅排行、门禁人脸采集数据、考勤指纹采集数据等；涉及师生学术成果的数据，如学术论文、原创成果、学习作品等。

（三）信息安全

信息安全主要指门户网站内容的审核与过滤。网站内容的审查分为自动审核与人工判断两种方式。智慧门户后台提供自动审核与过滤功能，确保上传内容的正确合法。自动审核通常是采用与敏感词库进行匹配检查，如果读者或管理员发布的内容中包含违法或敏感词汇，就会被禁止发布或者屏蔽。

（四）网络安全

确保读者数据安全，首先要确保网络安全。图书馆应设置防火墙，服务器安装并及时更新防杀毒软件，帮助识别和防御病毒、木马等有害程序；定期对系统和应用程序进行安全检查，及时更新补丁以修复已知的安全漏洞；加强读者账户安全管理，如设置复杂的密码口令，防止信息泄露；加强管理员账户权限管理，采用分级管理，确保权限划定清晰。

主要参考文献

［1］陈珊珊.我国当前图书馆事业发展现状浅析［J］.考试周刊，2011（48）：24-25.

［2］储节旺，李佳轩.全智慧图书馆--元宇宙成为实现途径［J］.图书情报工作，2022，66（9）：33-39.

［3］杜蕾，左昊明，李亚设.基于Citespace的国内智慧图书馆近十年发文热点及前沿剖析［J］.图书馆理论与实践，2021，（06）：42-49.

［4］杜亮.基于"双一流"建设背景的智慧图书馆发展策略分析［J］.大学图书情报学刊，2019，37（06）：39-43.

［5］范茂军.物联网与传感器技术［M］.北京：机械工业出版社，2012.

［6］耿雅玲.高校图书馆智慧门户建设及其安全性——以西安外国语大学图书馆为例［J］.传媒论坛，2022，5（05）：92-94.

［7］郭依群.应用图书馆学教程［M］.北京：清华大学出版社，

2003.

　[8] 胡娟，柯平.我国智慧图书馆建设的合作模式 [J].图书馆论坛，2023，43（05）：23-33.

　[9] 黄丹，田森.美国开放图书馆环境（Kuali OLE）项目研究 [J].图书馆学研究，2014，（11）：30-34.

　[10] 焦莺.图书馆发展历程与实现现代化路径探索 [J].理论观察，2021（5）：136-138.

　[11] 柯平.关于智慧图书馆基本理论的思考 [J].国家图书馆学刊，2021，30（04）：3-13.

　[12] 钱海钢.Beacon技术在图书馆的应用探索 [J].图书馆论坛，2017（1）：115-119.

　[13] 饶权.全国智慧图书馆体系：开启图书馆智慧化转型新篇章 [J].中国图书馆学报，2021，47（01）：4-14.

　[14] 沈奎林，邵波.智慧图书馆的研究与实践——以南京大学图书馆为例 [J].新世纪图书馆，2015，（07）：24-28.

　[15] 时红明.简说中国图书馆发展史 [J].农业网络信息，2014，（05）：54-56.

　[16] 苏瑞竹，张云开.智慧图书馆的产生背景、发展趋势及建设策略研究 [J].图书馆界，2017，（04）：32-36.

　[17] 田智红.浅论我国图书馆的历史及发展 [J].卷宗，2019，9（2）：81-82.

　[18] 王蕾，杨洪秀，孙能卓.无线网络技术的图书馆书籍智能推荐系统 [J].现代电子技术，2021，44（13）：85-89.

　[19] 王祎.下一代图书馆服务平台ALMA与META比较研究 [J].办公室业务，2022，（01）：181-184.

　[20] 汪艳玲，薛继红.高校图书馆线上服务平台之图书馆智慧门户的建设 [J].兰台内外，2019，（25）：60-62.

［21］吴志强，杨学霞.智慧图书馆的研究与实践在中国的发展
［J］.图书情报工作，2021，65（04）：20-27.

［22］谢福明.智慧图书馆建设与应用研究［M］.吉林出版集团股
份有限公司，2021.

［23］许正兴.后现代教育导向下的智慧图书馆发展生成机理与要
素系统构建［J］.图书馆理论与实践，2020，（06）：96-100.

［24］徐宗本."数字化、网络化、智能化"新一代信息技术的聚焦
点［J］.科学中国人，2019（7）：36-37.

［25］姚国章，余星，项惠惠.智慧图书馆的总体设计与应用系统
建设研究［J］.南京邮电大学学报（自然科学版），2016，36（02）：
18-28.

［26］严栋.智慧图书馆概论［M］.大连：辽宁师范大学出版社，
2021.

［27］杨新涯，文佩丹，卓应忠.智慧图书馆的全数据体系研究
［J］.图书情报工作，2023，67（13）：29-35.

［28］曾强，刘春丽，杜亮.国内智慧图书馆研究综合评述及展望
［J］.图书馆理论与实践，2021，（05）：58-62.

［29］曾群，杨柳青.5G环境下智慧图书馆创新服务模式研究［J］.
图书馆学研究，2020，（22）：2-6.

［30］张爱萍.简述我国图书馆的发展历史［J］.科技情报开发与经
济，2003，（09）：72-73.

［31］张福生.物联网开启全新生活的智能时代［M］.太原：山西
人民出版社，2010.

［32］张海波.智慧图书馆技术及应用［M］.石家庄：河北科学技
术出版社，2020.

［33］张开生，杨武，赵琼.基于ZigBee的图书检索导航系统研究
［J］.实验技术与管理，2014，31（08）：118-121.

主要参考文献

［34］郑巧英，杨宗英.数字图书馆原型体系结构初探［J］.情报学报，1999，（06）：523-529.

［35］《智慧图书馆探索与实践》编委会.智慧图书馆探索与实践［M］.北京：国家图书馆出版社，2021.09.

［36］庄卉卉.高校图书馆智慧门户建设现状及优化策略［J］.江苏科技信息，2022，39（01）：54-56.